Indice

Introduzione.

11 settembre 2001. E' una soleggiata mattina di metà settembre quando un gruppo di terroristi islamici di Al Qaeda, mette in ginocchio l'unica superpotenza rimasta dopo il crollo del muro di Berlino, e fa svegliare l'Occidente da quel torpore che per oltre dieci anni aveva dato l'impressione che il mondo fosse finalmente in pace. Sono immagini durissime quelle che arrivano da New York e Washington, con le Torri Gemelle prima in fiamme e poi collassate su se stesse in meno di un'ora, e il Pentagono in parte distrutto da un aereo bomba che ha fatto crollare un'ala del più importante centro militare a stelle e strisce. Quelle due torri, che sono al contempo il simbolo dello strapotere economico, politico e culturale americano, sono ridotte ad un cumulo di macerie fumanti nell'evento che possiamo definire la prima grande tragedia del ventunesimo secolo. Quel Pentagono che è sempre stato l'espressione più viva del potere militare americano, sembra ormai un castello di sabbia in parte abbattuto dalla follia omicida del fondamentalismo religioso. Queste immagini, in qualche modo, hanno cambiato il corso della storia, dando vita ad una serie di ripercussioni che hanno segnato tutto il primo decennio del ventunesimo secolo, ed ancora oggi continuano a definire l'agenda politica dell'Occidente, le priorità militari, i vincoli economici e le relazioni internazionali tra i vari Paesi. E sono proprio queste immagini che hanno suggerito il presente saggio su

quello che potremmo definire uno dei più inquietanti fenomeni dell'oggi: il terrorismo.

Molto è stato scritto sull'11 settembre e ancor di più è stato scritto sul terrorismo in generale: dal quello nato in concomitanza alla Rivoluzione Francese al terrrorismo formatosi nell'ambito della Guerra Fredda, ovvero il terrorismo "rosso" e "nero"; dal terrorismo di matrice ultranazionalista al terrorismo di Stato fino ad arrivare, appunto, alle cosiddette holding del terrore, ovvero quelle organizzazioni terroristiche che non solo compiono attentati, ma fanno sistema, agiscono come multinazionali, generano profitti, procurano posti di lavoro ed impiantano veri e propri sistemi di welfare laddove reperiscono il materiale di base per poter sopravvivere: gli esseri umani. Esiste una letteratura foltissima a riguardo, che ci permette di focalizzare in maniera accurata aspetti che spesso passano in secondo piano nell'ambito del dibattito mediatico e scientifico. Volendo citare due testi, non posso fare a meno di sottolineare l'importanza del libro di Francois Heisbourg, *Dopo Al Qaeda*1, che ci fornisce un'indispensabile chiave di lettura sul futuro prossimo di questa vera e propria multinazionale del terrore, che nonostante le controffensive attuate dai governi delle democrazie occidentali e da istituzioni sovranazionali, è ben lontana dall'essere vinta; ed il testo *Terrorismo fai da te*, di Laura Quadarella2, che ci permette di capire i cambiamenti che il terrorismo *made* in Al Qaeda ha apportato negli ultimi anni per poter non solo sopravvivere, ma anche per rendersi più sfuggevole, fluido e pericoloso.

Innumerevoli sono le chiavi di lettura che ci sono state fornite nel corso degli anni da studiosi di tutto il mondo. A mio avviso, tra le più interessanti vanno segnalate quelle proposte da Loretta Napoleoni, dal Global Center on Cooperative Security e dall'autorevole autore di libri in tema Steve Coll, già codirettore del "Washington Post". Loretta Napoleoni con il suo libro *Terrorismo Spa*3 è stata la prima a studiare i flussi finanziari che generano e

---

1 Heisbourg F. (2013) *Dopo Al Qaeda*, Armando, Roma

2 Quadrella Sanfelice L. (2013) *"Terrorismo fai da te. Inspire e la propaganda online di AQAP per i giovani musulmani in Occidente"*, Aracne Editore, Roma

3 Napoleoni L. (2005) *Terrorismo Spa*, Il Saggiatore, Milano

coinvolgono le organizzazioni terroristiche, rendendo valido il concetto di "holding del terrore", spiegando come il denaro sia al contempo la linfa vitale e il fine del terrorismo islamico, come le economie occidentali siano drogate da questo fiume di soldi che viene fatto transitare sui mercati finanziari europei e nordamericani, e quanto sia fondamentale inseguire e bloccare questo flusso di denaro se si vuole dare una seria battuta d'arresto ad organizzazioni come Al Qaeda.

Dal canto suo, il Global Center on Cooperative Security4, think tank indipendente con sede a New York, analizza il fenomeno terroristico in modo multifattoriale, ovvero tenendo conto dei fattori che intervengono nella costituzione di tale fenomeno. Uno dei capisaldi di questo think tank è il *Multilateral Security Policy*, che poggia sulla politica di cooperazione in materia di sicurezza tra le varie organizzazioni intergovernative, società civile e istituzioni nazionali, e tende a far interagire tra loro vari attori sociali al fine di creare una rete di protezione contro il terrorismo e l'estremismo in generale. In secondo luogo, sempre al fine di contrastare il proliferare di cellule terroristiche in Paesi sottosviluppati, il Global Center propone un pacchetto di politiche economiche volte a combattere la povertà in quei Paesi dove proprio la povertà funge da traghetto verso le derive estremistiche e violente, mediante il concetto di *Financial Integrity and Inclusion.*

Il Premio Pulitzer Steve Coll, nel libro *La guerra segreta della Cia5*, con il piglio del giornalista freelance e l'arguzia dell'investigatore, scava invece nella parte più nascosta della lotta al terrorismo di matrice qaedista, ripercorrendo quasi quarant'anni di storia contemporanea, tra guerre e accordi segreti, attentati riusciti e saltati, e servizi segreti che svolgono un ruolo sempre più preminente nell'ambito della deterrenza al crimine. Coll evidenzia con grande maestria il lavoro svolto dai servizi segreti Usa per arrestare l'avanzata del fondamentalismo islamico proprio in quei Paesi dove esso trova appoggio, risorse e riparo; ma con profondo senso critico, allo stesso tempo, evidenzia le

---

4 Fondato nel 1982 il Global Center on Cooperative Security è uno dei più importanti think tank indipendenti, nopartisan e noprofit al mondo. Ha sede a New York, Washington DC, Londra e Goshen, e lavora con un approccio olistico all'elaborazione di progetti di cooperazione multilaterale in materia di sicurezza ed antiterrorismo.

5 Coll, S. (2008) *La guerra segreta della CIA*, BUR

gravi responsabilità di alcuni governi occidentali che, nel corso degli anni Ottanta, pur di fronteggiare l'avanzata sovietica in territorio afgano, non hanno esitato a fornire un supporto almeno logistico a quelli che sarebbero poi diventati i nemici più pericolosi della libertà nel mondo nel ventunesimo secolo, con tutte le ripercussioni del caso.

Queste chiavi di lettura sono state fondamentali per la stesura di queste pagine, e ancor più importanti sono i contributi dati vuoi dalla teoria sociologica di Durkheim(6), al suo concetto di società come fenomeno morale di solidarietà collettiva, all'importanza del ruolo e delle regole sociali, e a quella di anomia; vuoi da quella di Ferdinand Tonnies sui concetti di *comunità* e *società;* vuoi dal processo di *globalizzazione.*

---

6 Tale autore è convinto che la sociologia abbia una funzione concreta di diagnosi e cura dei mali della società, proponendo soluzioni per la "guarigione" analogamente a quanto avviene da parte della medicina per la cura delle malattie; l'organicismo di Durkheim, tratto fondamentale del suo pensiero, incanalerà poi gli studi del sociologo inglese Herbert Spencer, che di fatto con Durkheim vedeva il sistema sociale come un essere vivente autonomo. I fenomeni sociali devono essere analizzati con una visione olistica, non singolarmente ma come parti di un tutto, allo stesso modo di come avviene per lo studio biologico di un organismo vivente. Sotto questo aspetto la società è qualcosa di più della somma delle sue parti, cioè degli individui.

Il terrorismo nell'era post-moderna

Quanto qui si propone è dunque, soprattutto, una riflessione sul terrorismo di matrice islamica, ripercorrendo alcuni dei passaggi chiave che tale fenomeno ha determinato nel corso dei decenni e le contromisure adottate dalle democrazie mondiali per arginarlo. Alcuni dei paradigmi della sociologia contemporanea, hanno fatto da guida in tale percorso. Il primo tra questi è quello *Olistico*[7], di cui Emile Durkheim è uno dei maggiori esponenti, tale paradigma sottolinea il ruolo dei cambiamenti sociali nell'agire dei singoli e poggia sull'approccio strutturale allo studio dei fatti sociali. Per strutturale si intende l'analisi delle componenti del fatto sociale nella sua interezza, nel caso del tema che ci interessa: come nasce e si sviluppa all'interno di una comunità, come e dove trova le risorse finanziarie necessarie per i suoi fini, e quelle che sono le strategie adottate per fronteggiarlo.

Come si accennava nell'introduzione, un altro concetto fondamentale è quello di *anomia sociale*[8]. Durkheim, ne *La divisione del lavoro sociale* (1893) e nel

7 Spedicato Iengo, E. (2006) *Per incontrare la Sociologia,* Chieti, Rivista Abruzzese Editore

8 Spedicato Iengo, E. (2006) *Per incontrare la Sociologia,* Chieti, Rivista Abruzzese Editore

più noto *Il suicidio (1897)*, *va* a definire l'anomia, uno stato oggettivo di carenza normativa e di regolazione morale, che scompagina l'ambiente sociale. Nel ventunesimo secolo possiamo affermare, senza ombra di dubbio, che sono aumentate con curva esponenziale le anomie sociali, complice il depauperamento valoriale all'interno della società, che offre sponde forti all'esprimersi di fenomeni devianti e violenti.

Due altri concetti che accompagnano in questa disamina, sono quello di *comunità* e di *società*. In termini prettamente sociologici, possiamo dire che per la comunità poggia sulla condivisione di temi culturali, modi e scopi. Queste caratteristiche possono essere la comune appartenenza ad un territorio, gli ideali condivisi, o molto più spesso delle ideologie, le tradizioni, i costumi, i comportamenti. Il sociologo che più si è soffermato sul concetto di comunità è Ferdinand Tonnies, che con il suo libro *Gemeinschaft und Gesellshaft* (Comunità e Società)9, fornisce un'analisi approfondita di questi due concetti di base della sociologia. Volendo riassumere il pensiero del sociologo tedesco, possiamo dire che egli considera antitetici questi due concetti, considerando la comunità, un sistema fondato sul sentimento di appartenenza e sulla libera adesione ad essa, mentre definisce la forma societaria come la tendenza dominante nella moderna società industriale, basata sulla razionalità, sullo scambio e sul contratto. Ai nostri fini è importante capire il concetto di comunità, in quanto esso è decisivo per l'adesione da parte di un soggetto ad un gruppo terroristico, specialmente in una realtà tribale, in cui l'interesse del gruppo viene prima dell'interesse del singolo, di qui l'evenienza che un individuo può sposare la causa del terrorismo per le ricompense economiche di cui andranno a godere i membri della sua comunità una volta portata a termine la missione suicida.

---

9 Tonnies, F. (2011) *Comunità e Società*, Editore Laterza – Presentato una prima volta nel 1887, questo libro presenta una comprensione puntuale ed originale dei processi politici della modernità. L'autore pone un accento pessimistico sul concetto di Società, andando ad anticipare la critica che oggi viene rivolta alla società consumistica ed urbana contemporanea.

La *globalizzazione*10, dal canto suo, si può definire come una situazione nella quale mercati, produzioni, consumi e anche modi di vivere e di pensare, sono connessi su scala mondiale in un continuo flusso di scambi che li rende interdipendenti e tende a unificarli secondo modelli comuni. I processi di globalizzazione si muovono dunque tra locale e globale, e danno luogo sia a situazioni fortemente omologanti, sia ad espressioni rigorosamente localistiche. Ciò comporta una inevitabile destabilizzazione in diverse aree del pianeta, con conseguente possibile nascita di focolai estremistici, che spesso sono destinati a sfociare in fenomeni criminali e/o terroristici. La globalizzazione, dunque, funge paradossalmente sia da volàno che da ostacolo ai fini del terrorismo internazionale. Facciamo due esempi per capire meglio di cosa stiamo parlando: la globalizzazione è stata al contempo l'artefice ed il risultato finale dell'unificazione dei vari mercati economici attivi sul nostro pianeta, rendendo l'economia dei vari Paesi estrememante connessa e concatenata, portando ad una successiva estensione dei mercati finanziari. L'ultrafinanziarizzazione dell'economia mondiale ha sicuramente favorito l'arricchimento del terrorismo e dei fenomeni criminali in generale, permettendo il rapido spostamento di ingentissime somme di denaro da un capo all'altro del mondo, rendendo la vita decisamente facile a chi produce i soldi in maniera illegale e soprattutto li usa per fini ulteriormente illegali. Parallelamente la globalizzazione funge da ostacolo al terrorismo, o quanto meno potrebbe fungere da ostacolo, perchè l'immaginario avvicinamento tra realtà decisamente distanti fino a pochi decnni addietro, ha permesso una maggior cooperazione tra le forze di polizia ed intelligence di tutto il mondo, ha incentivato lo sviluppo di una legislazione univoca che combatte e giudica i criminali allo stesso modo a prescindere da dove essi si trovino nel mondo, e soprattutto ha spesso consentito un pacifico incontro tra culture differenti, che non si guardano più con sospetto, ma trovano nella diversità un'opportunità di dialogo.

---

10 *Martell, L. (2011) Sociologia della Globalizzazione,* Piccola Biblioteca Einaudi - Il volume prende in considerazione gli aspetti culturali, politici ed economici della globalizzazione, per fornire un'introduzione complessiva ad un concetto molto dibattuto e per valutare criticamente cause e conseguenze di un mondo globalizzato. Martell pone l'accento su aspetti che raramenti i sociologi ritengono importanti, andando a sottolineare l'importanza delle struttre e delle dinamiche economiche e spiegando come mai il potere, le disuguaglianze e i conflitti siano componenti pressochè inevitabili nella globalizzazione.

COS'E' IL TERRORISMO.

Con il termine terrorismo, per quanto ambiguo e sfuggevele esso sia, in qualche modo degno del mondo liquido in cui viviamo, ci riferiamo a "l'uso della violenza illegittima, finalizzata a incutere terrore nei membri di una collettività organizzata e a destabilizzarne, o talvolta restaurarne, l'ordine, mediante azioni quali attentati, rapimenti, dirottamenti di aerei e simili"11. Solitamente i gruppi terroristici sono organizzazioni segrete costituite da un numero tendenzialmente ridotto di persone, a volte i terroristi si considerano semplicemente l'avanguardia di un costituendo esercito, come se fossero degli "illuminati" che compiono il primo passo in nome di una determinata lotta, dei guerriglieri che combattono per i diritti (o talvolta per i privilegi) di uno specifico gruppo etnico o sociale, o pro/contro governi ed altri tipi di istituzioni sociali.

Gli atti terroristici hanno solitamente come obiettivo principale non tanto gli effetti diretti derivanti dai danni a persone o cose, quanto quello dei cosiddetti effetti collaterali, come ad esempio la modifica della linea politica dei destinatari finali delle azioni o la risonanza mediatica che le stesse azioni riescono a conseguire grazie agli attuali mezzi di comunicazione di massa, come la televisione ed i social media. Scopo finale delle azioni può essere una modifica, moderata o radicale, di uno status quo; anche se molto più spesso, paradossalmente, il terrorismo ha agito proprio al fine di mantenere lo status quo vigente.

Per i tali motivi alcune azioni terroristiche prendono di mira persone, monumenti, edifici o luoghi con un fortissimo valore simbolico. A questo punto è fondamentale distinguere i casi in cui le azioni mirino ad un successivo coinvolgimento popolare, da quelle che non hanno alle spalle questo tipo di visione ideologica. Se lo scopo del gruppo non è far aderire la maggiornaza della popolazione alle motivazioni ideologiche che sostengono il gruppo stesso, la strategia messa in campo mira a creare un'atmosfera di intimidazione. Da qui la funzionalità dell'efferatezza, della ferocia di certi gesti: il sequestro di duecento ragazze liceali in Nigeria ha ricevuto un'attenzione mediatica, politica e diplomatica, che un attacco ad una caserma, o ad una colonna di blindati militari, non avrebbe mai potuto conseguire. Il perchè di questa differenza

---

11 Fonte *Enciclopedia Treccani,* alla voce *"Terrorismo".*

d'attenzione è ovvio: il fattore emotivo è tutto per la riuscita di un'azione terroristica.

Per le ragioni sopracitate il terrorismo è un fenomeno tipico del XX e del XXI secolo, ovvero del primo periodo storico in cui i mezzi mediatici di massa come giornali, televisione, internet, fungono da potentissima cassa di risonanza di tali azioni, e ne promuovono l'estensione.

Gli attentati terroristici, in particolare quando sono di notevole gravità e risonanza mediatica, generano spesso una controreazione da parte dell'ordine costituito altrettanto decisa e drastica: nessun gruppo terroristico può sopravvivere a queste controreazioni se non ha uno largo strato sociale o un'area geografica abbastanza vasta in cui nascondersi e trovare appoggi, finanziamenti, materiali, informazioni. Quindi, affinché un gruppo terroristico nasca e sopravviva, è necessario che esista uno strato di popolazione ben definito e con un diffuso e radicato malcontento al suo interno, che rinvenga nel terrorismo un mezzo valido per far valere le proprie istanze. Ovviamente il genere di società tribale in cui solitamente questi gruppi prendono forma, sono forme idealtipiche di una società che fonda la propria coesione sociale sulla distruzione di un nemico comune e l'adozione di forme religiose radicali. La strategia più efficace a disposizione delle forze dell'ordine contro il terrorismo è proprio quella di sradicare il movimento terroristico dal gruppo sociale di origine, facendo in modo che vengano rifiutati alla base dalle stesse persone che i terroristi ipocritamente pensano o si propongono di aiutare.

- Storia del fenomeno terroristico.

Benchè sia arduo tracciare un preciso quadro storico del terrorismo, in quanto è difficile dare una definizione netta e soprattutto condivisa del termine che ai suoi margini sfuma in differenti tipologie, possiamo ritenere che siano sempre esistiti gruppi o singoli individui che hanno fatto del terrore e delle intimidazioni uno strumento per esercitare il potere.

Dal 1789 al 1855, con la Rivoluzione Francese, rinveniamo in un certo senso il primo caso di terrorismo propriamente detto della storia: il Terrore instauratosi durante la rivoluzione francese, ancorché fu un regime e non un piccolo movimento clandestino ad attuarlo, evidenziò per la prima volta nella storia che un popolo di vaste dimensioni poteva essere influenzato da un sentimento sociale di timore diffuso, alimentato da pochi uomini che lo sfruttavano per manovrare e decidere il destino di una nazione. Il secondo "contributo" fondamentale dato dalla Rivoluzione Francese al terrorismo fu l'aver ghigliottinato il Re, dissipando definitivamente l'aura di sacralità che da sempre avvolgeva il sovrano e la nobiltà e dimostrando che un atto di violenza poteva avere risonanza e portata enormi. La svolta, sia in termini sociologici che in termini giuridici, avvenne con l'attentato che vide come obiettivo Napoleone III nel 1855, che per la prima volta nella storia ebbe importanti ripercussioni a livello di diritto internazionale: in seguito alla fuga degli attentatori in Belgio venne approvata una legge secondo la quale gli attentati contro capi di Stato stranieri e/o i loro familiari non erano da considerarsi dei meri reati politici, e pertanto i responsabili potevano essere estradati. E' interessante notare come nello stesso periodo storico è apparsa sulla scena politica anglosassone la Fratellanza Repubblicana Irlandese (Irish Republican Brotherhood) che ha aggiunto un nuovo elemento, fino ad allora pressocchè inedito, al terrorismo: il carattere nazionalistico. Nel periodo tra il 1945 e il 1989 ci fu un'ulteriore svolta, in quanto il mondo di allora era caratterizzato da un ordine bipolare in cui la stragrande maggioranza dei Paesi si allineava con gli Stati Uniti d'America (la potenza egemone in Occidente) o con l'Unione Sovietica (la potenza egemone tra i Paesi di stampo socialista), e di conseguenza anche il terrorismo si dovette adeguare a tale visione, dividendosi ideologicamente in terrorismo di destra e di sinistra(12).

Il nuovo secolo è iniziato con un ritorno di fiamma a livello mondiale del terrorismo di matrice fondamentalista islamista, con i tristemente noti attentati dell'11 settembre 2001 alle Torri Gemelle di New York, al Pentagono di Washington e con il dirottamento del volo United Airlines 93, poi schiantatosi nelle campagne della Pennsylvania a seguito di un'eroica rivolta dei quaranta passeggeri a bordo. La risposta degli Usa è giunta con le operazioni militari in Afghanistan e Iraq, che avevano quale scopo principale quello di sradicare il terrorismo di matrice qaedista dalle aree geografiche dove si supponeva Al Qaeda avesse base, supporto e riparo.

---

12 In tale periodo storico, spesso il terrorismo risultò inserito in un'ottica più ampia, ovvero come strumento funzionale alla logica della "deterrenza armata", tipica della Guerra Fredda.

A tutt'oggi la lotta al terrorismo, lungi dall'essere vinta, rappresenta una delle sfide più dure che le democrazie di tutto il mondo devono quotidianamente affrontare.

- Ripercussioni del terrorismo sul fronte giudiziario.

Alla strategia del terrore, i governi di tutto il mondo reagiscono in genere emanando leggi speciali che, a seguito dell'eccezionalità e della condizione di emergenza che si viene a creare a seguito di un attentato terroristico, possono arrivare a limitare alcuni diritti dei cittadini anche in modo molto rilevante e con sensibili deviazioni da quanto propugnato negli ideali democratici. Si pensi, per esempio, alle leggi speciali americane sugli Interstate Riots degli anni Sessanta, contro il Ku Klux Klan, il Black Power e il movimento delle Pantere Nere, e anche le leggi speciali varate dopo l'attentato alle Twin Towers, con la creazione immediata dello speciale Campo di Detenzione di Guantànamo su suolo cubano e tutta una serie di limitazioni alla privacy degli americani (intercettazioni e pedinamenti nati anche solo sulla base di un sospetto) attraverso l'emanazione del Patrioct Act da parte del Congresso americano. Anche le leggi italiane contro il terrorismo emanate dai governi democristiani (legittimati e sostenuti dal Partito Socialista, Repubblicano e Comunista) negli anni Settanta e Ottanta furono, almeno in minima parte, contrarie alla Costituzione, e furono ammesse dalla Corte Costituzionale solo in virtù dello stato di estrema difficoltà in cui il nostro Paese si trovava.

Di seguito riteniamo opportuno fornire allcune definizioni del terrorismo nella giurisprudenza internazionale:

① Secondo il Codice degli Stati Uniti il terrorismo <<*è l'uso illecito della forza e della violenza contro persone o beni, al fine di intimidire od influenzare i governi o la popolazione civile*>>.

② Secondo la Legge contro il terrorismo approvata in Gran Bretagna nel 2000, l'attentato terroristico è <<*un'azione o la minaccia di un'azione, che comprende gravi forme di violenza contro persone e beni, mette in pericolo la vita dell'individuo e rappresenta una grave minaccia per l'incolumità e la sicurezza della comunità o una parte di essa*>>.

℗ La Costituzione Italiana non dà una definizione di terrorismo, limitandosi a specificare nell'articolo 17, primo comma, che <<*I cittadini hanno diritto di riunirsi pacificamente e senz'armi*>>(13); il secondo comma dell'articolo 18 stabilisce che <<Sono proibite le associazioni segrete e quelle che perseguono, anche indirettamente, scopi politici mediante organizzazioni di carattere militare>>.

In alcuni casi si è introdotto per legge il principio dell'azione repressiva preventiva che autorizza la carcerazione qualora vi sia, anche solo il minimo sospetto ed il vago pericolo che venga commesso un reato, anziché a posteriori, dopo che sia stato commesso materialmente il fatto ed aver recato danno a qualcuno: ciò determina uno spostamento di poteri verso l'esecutivo, il giudiziario e le forze di polizia che possono decidere in tempi sensibilmente più rapidi restrizioni delle libertà costituzionali "necessarie" a garantire la sicurezza, la carcerazione o azioni di polizia contro sospette cellule terroristiche. Quando questo cambiamento assume caratteristiche rilevanti in una società, avviene il passaggio da uno Stato di diritto ad uno Stato di polizia.

- Il terrorismo in Italia: gli "anni di piombo".

Per "anni di piombo" si intende in Italia quel periodo che comprende gli anni Settanta e l'inizio degli anni Ottanta, in cui si verificò un'estremizzazione della dialettica e del confronto che si tradusse in violenze di piazza, in lotta armata e terrorismo rosso e nero(14). Il termine "anni di piombo", con cui sono stati chiamati deriva da una brillante intuizione di Margarethe Von Trotta che con tale termine intitolò nel 1981, un film incentrato sul dramma analogo vissuto dall'allora Germania dell'Ovest.

Nell'immaginario collettivo molti associano questo periodo alle tristi imprese di alcune organizzazioni extraparlamentari di sinistra, come Lotta Continua(15) e

---

13 Costituzione Italiana, Parte 1 "Diritti e doveri dei cittadini", Titolo 1 "Rapporti Civili", anno 1946.

14 John Loughlin, *Subnational Democracy in the European Union: challenges and opportunities*, New York, Oxford University Press, 2001

15 **Lotta Continua**, forma breveLC, fu una delle maggiori formazioni della sinistra extraparlamentare italiana, di orientamento comunista, tra la fine degli anni sessanta e la prima metà degli anni settanta. Nacque nell'autunno del 1969 in seguito a una scissione in seno al *Movimento operai-studenti* di Torino che aveva infiammato l'estat delle lotte all'Università e alla Fiat, e dall'altra parte si costituì in Potere Operaio con base nel nord-est.

13

il Movimento Studentesco(16) o puramente e dichiaratamente terroristiche come Prima Linea(17) e le Brigate Rosse o altre, attive al di fuori dell'Italia come la Rote Armee Fraktion(18) in Germania. Ma in quel periodo operarono anche molti gruppi di estrema destra, come i Nar(19), Ordine Nero(20)e Terza Posizione(21), che si contrapponevano a quelli di estrema sinistra nella lotta politica, e scrissero pagine particolarmente cruente e solo parzialmente esplorate dello stragismo in Italia(22). Nel corso di questo decennio si ebbe una vertiginosa e drammatica escalation della violenza, in cui non vennero compiuti solo attentati clamorosi e devastanti, bensì si verificò uno stillicidio continuo di attentati contro obiettivi minimi, singoli cittadini, talvolta anche estranei alle logiche politiche, agenti di sicurezza, impiegati di banca, in esecuzione di disegni ancora oggi difficili da interpretare23.

---

16 **Movimento Studentesco** o **MS** o **M.S.** fu il nome di un'organizzazione extraparlamentare studentesca di sinistra, forte in molti atenei, particolarmente a Milano.

17 **Prima Linea** (abbreviata in **PL**) è stata un'organizzazione armatta terrorista italiana nata in Lomberdia nell'autunno del 1976 e formalmente strutturatasi nella primavera successiva a Firenze. Per numero di aderenti e di azioni armate è stata seconda in Italia solo alle Brigate Rosse.

18 La **Rote Armee Fraktion** ("*Frazione Armata Rossa*"; l'uso del termine "frazione" per tradurre*Fraktion* è comune, ma impreciso: andrebbe piuttosto usato il termine plotone), abbreviata in **RAF** e nelle prime fasi conosciuta comunemente come **Banda Baader-Meinhof**, è stata tra i gruppi terroristici di estrema sinistra più importanti e violenti nel periodo successivo alla Seconda guerra mondiale.

19 I **Nuclei Armati Rivoluzionari (NAR)** furono un gruppo terroristico italiano d'ispirazione neofascista, nato a Roma e attivo dal 1977 al 1981.

20 L' organizzazione armata di destra '**Ordine Nero** è stata un'associazione segreta di sfondo neofascista che negli anni settanta del XX Secolo ha rivendicato alcuni attentati terroristici

21 **Terza Posizione** fu un'organizzazione neofascista italiana fondata ufficialmente a Roma nel 1975 e attiva fino al 1980. Essa deriva direttamente dal movimento giovanile denominato *Lotta Studentesca*, il quale nel 1976 pone le basi per il nuovo movimento.

22 Leonard Weinberg, *Italian Neo-Fascist Terrorism: a comparative perspective*, in *Terror form extreme right*, Tore Björgo, 1995

23 Indro Montanelli e Mario Cervi, *L'Italia degli anni di piombo*, Milano, Rizzoli, 1991

Si venne a creare così un clima di forte insicurezza in tutta la penisola, che generò un'attesa spasmodica nella stragrande maggioranza degli italiani, di risposte di tipo "militare" da parte dello Stato. Furono inoltre varate delle leggi speciali per far fronte adeguatamente a questa emergenza, e vennero creati dei corpi speciali come i GIS dei Carabinieri e i NOCS della Polizia di Stato.

I due eventi che segnarono l'apice degli "anni di piombo", e che per certi versi ne segnarono anche l'inizio del declino, furono il sequestro che portò alla morte nel 1978 l'On. Aldo Moro, allora Presidente della Democrazia Cristiana (il primo partito nell'Italia d'allora), e il sequestro del Generale statunitense Jamie Lee Dozier, Comandante in Capo della NATO nel Sud Europa, che si risolse con un blitz dei NOCS il 28 Gennaio 1982.

24

-Intorno al terrorismo islamico.

"Il terrorismo islamista o islamico è quella forma di terrorismo, ossia un atto di violenza o di minaccia di violenza ai danni di non combattenti, messo in atto da musulmani per conseguire fini politici o ideologici"(25). Dal punto di vista storico, il fenomeno dell'integralismo è comparso praticamente con la nascita dell'Islam. Si è facilmente affermata sin dai tempi antichi la visione che essendo il Corano l'unica fonte "giusta" di conoscenza, era giusto esportarne la dottrina

---

24 L'immagine simbolo degli anni di piombo in Italia, scattata dall'Architetto Paolo Pedrizzetti: un uomo che spara negli scontri di Milano il 14 Maggio 1977, giorno in cui perse la vita il brigadiere Antonio Custra.

25 Contemporary Islamic Terrorism, http://www.worldpress.org/Mideast/2607.cfm

nel mondo con tutti i mezzi necessari, compresa la violenza secondo gli integralisti; ma cosa ancor più importante è la visione che Stato e fede debbano essere una cosa sola al fine di evitare il modello laico e democratico occidentale. Durante l'Impero Ottomano, essere fondamentalisti era l'espressione più naturale della classe politica al potere, lo strumento principale attraverso il quale il Governo poteva assolvere al compito di far coesistere diversi paesi fra di loro. La decadenza dell'Impero, nel XIX secolo, segna una nuova fase, e cioè la fine del mito di un'ascesa secolare e l'inizio, grazie all'inglobamento del mondo arabo-musulmano nell'orbita degli imperi coloniali, della subordinazione all'Occidente europeo. L'introduzione in terre musulmane di ordinamenti e di istituzioni proprie della società occidentale comportò una graduale laicizzazione della società musulmana tradizionale, che giunse ad influenzare la stessa evoluzione culturale e ideologica delle èlites arabe. In diversi paesi del Medioriente, il tramonto del colonialismo e l'accesso all'indipendenza videro emergere classi dirigenti occidentalizzate, cosmopolite e modernizzate o militari di ispirazione nazionalista. L'inizio delle teorie politiche di stampo fondamentalista ha origine, agli inizi del XX secolo, come reazione al colonialismo e agli stili di vita occidentali[26]. Le componenti fondamentali dell'integralismo islamico possono essere riassunte nei seguenti punti:

-la falange anti-sionista che, riferendosi alle responsabilità delle potenze coloniali (Inghilterra, Francia, Spagna e Italia), è allo stesso tempo anti-colonialista e soprattutto anti-occidentale;

-il rifiuto totale di forme e concezioni culturali straniere. Il riscatto dalla subordinazione all'Occidente assume il significato di un risveglio spirituale, culturale e politico dell'identità islamica. In questo senso, per i fondamentalisti, il Corano e la Sharia diventano strumenti indispensabili per la costruzione di una nuova era di matrice islamica;

-la questione sociale e terzomondista. Ciò porta all'affermazione di tendenze egalitariste e al rifiuto della cultura produttivistica e consumistica, cui si ispirano i modelli di sviluppo occidentale. Si tratta di un'impostazione

---

26 NGI Forum, *Storia del terrorismo islamico,* 10 Febbraio 2003

probabilmente suscettibile di imprimere nuove dimensioni e cariche emotive alla dialettica Nord-Sud;

-la società di riferimento. Comunità di stampo tribale, definibile con la terminologia di Emile Durkheim a "maglie strette"27, riescono ad indirizzare un elemento che in essa vi si identifica a compiere i gesti più disparati, come ad esempio l'adesione ad un gruppo terroristico;

-il populismo religioso. La forza del fondamentalismo islamico viene anche dall'appoggio delle masse proletarie urbane e rurali, scarsamente toccate dall'influenza occidentale e totalmente fedeli ai valori religiosi tradizionali. L'Islam pertanto, è l'unico messaggio politico che possa essere capito e che possa agire da forza di mobilitazione di masse altrimenti inerti e passive;

-l'Islam come visione politica. Nel mondo musulmano, il fondamentalismo si propone come ideologia politica, sia come opposizione generalizzata dell'ordine esistente, e sia come modello di sistema costituzionale; un caso emblematico di tale visione è l'Iran di Khomeini;

-il fattore sciita28. Si tratta di un fattore alla base del risveglio fondamentalista, non soltanto per l'estensione geografica della sua presenza in importanti comunità ma anche perché lo sciismo è nato da una tradizione di rivolta settaria e di denuncia intransigente nella fase originaria dell'Islam.

---

27 Il sociologo francese coniò questo termine allorquando andò a studiare il fenomeno del suicidio. Nel celebre libro "Le Suicide" definisce tali quelle società in cui un uomo trovava una forte protezione da eventuali agenti esterni, ma anche quelle società capaci di spingere un proprio adepto a suicidarsi, con il fine di fare il bene della comunità di riferimento.

28 Fattore di determinante importanza per capire il terrorismo di matrice islamica, in quanto lo sciismo nasce proprio come visione violenta e rivoluzionaria della religione, e attualmente denuncia l'Occidente di essere il principale nemico da combattere per la sopravvivenza della visione integralista dell'Islam.

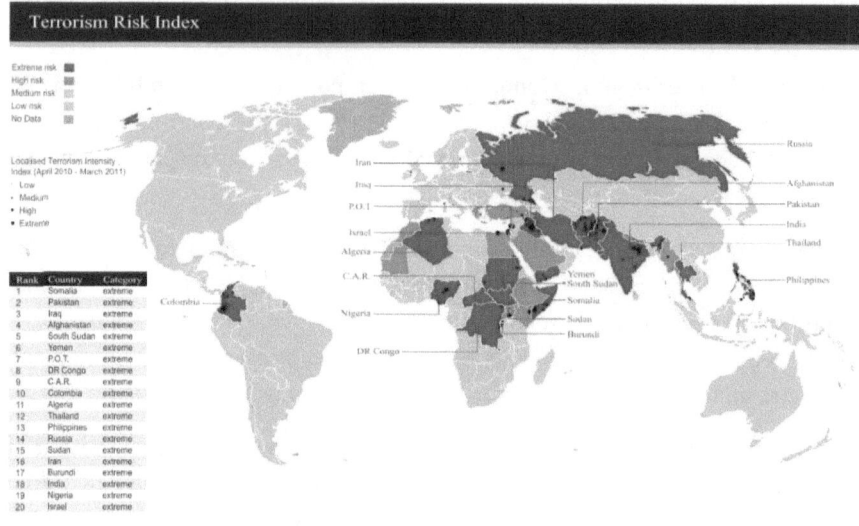

(29)

Le principali organizzazioni terroristiche che si propongono come genuine espressioi di tutti i principi dell'integralismo islamico sono:

-Al Qaeda, movimento paramilitare e terroristico, fautore di ideali riconducibili al fondamentalismo islamico, impegnato in modo militante nell'organizzazione e nell'esecuzione di azioni violentemente ostili sia nei confronti dei vari regimi islamici filo-occidentali, sia soprattutto del mondo occidentale(30). Persegue la creazione di un pancaliffato islamico in tutti i paesi musulmani (con particolare enfasi sulla zona del Medio Oriente), l'instaurazione della "shariia" nei suddetti paesi, e la jihad(31) permanente ed assoluta nei confronti dell'Occidente e dei suoi alleati. E' tra le più ricche organizzazioni terroristiche del mondo, essendo stata guidata per oltre vent'anni dall'ultramiliardario saudita Osama bin Laden (soprannominato lo "sceicco del terrore"), che ne ha finanziato con ingenti

29 Maplecroft.terrorism.index.map

30 Al Quaeda, http://www.answers.com/topic/al-quaeda

31 Gilles Kepel, *Jihad: The trail of political islam*, Belknap Press of Harvard University Press, 2002, p. 154

somme di denaro la costruzione di numerose basi d'addestramento in Afghanistan e Pakistan, la proliferazione di cellule operative in tutto il mondo, ma soprattutto le azioni terroristiche che hanno sparso sangue in oltre cento Paesi. A seguito della morte di quest'ultimo, avvenuta durante un blitz dei Navy Seals americani il 2 Maggio 2011, ha assunto il ruolo di guida Ayman al-Zawāhiri(32).

-Hamas, organizzazione terroristica palestinese formatasi alla vigilia della prima Intifada come braccio operativo dei Fratelli Musulmani, per combattere l'occupazione Israeliana della Palestina storica(33). Lo Statuto di Hamas, emanato nel 1988, prevede al suo secondo punto, la totale distruzione dello Stato di Israele e la sua sostituzione con un Stato islamico palestinese nella zona che ora è occupata da Israele, la Cisgiordania e la Striscia di Gaza, e ribadisce in più punti che "Non esiste soluzione alla questione palestinese se non nella jihad". E' accusata di sabotaggio del processo di pace israelo-palestinese, avviato con gli ormai falliti accordi di Oslo, mediante il lancio di operazioni armate nei confronti dei civili israeliani (da ricordare gli attentati dinamitardi negli ospedali di Gerusalemme e sugli schuolabus di Tel Aviv) con il fine di esasperare l'animo dei cittadini dello Stato ebraico(34);

-Fath al-Islam, è un gruppo islamista formatosi nel Novembre del 2006 da militanti dell'organizzazione Fath-Intifada, a sua volta nato da una scissione di al-Fatah. Gruppo che si richiama alla jihad, prende ispirazione da Al Qaeda ed agisce con il fine esplicito di portare tutti i campi profughi palestinesi sotto il pancaliffato islamico che si propongono di creare, mediante azioni di guerra, attentati e colpi di stato. Gli obiettivi primari del loro attentati sono sempre gli Stati Uniti d'America, Israele e l'Occidente in generale, ma non mancano di colpire anche in territorio medioorientale, come dimostra l'attentato del 13 Febbraio 2007 ai danni di due minibus in Libano.(35)

32 Lawrence Wright, *The looming tower: Al Quaeda and the road to 9/11*, Knopf, 2006

33 *The Covenant of the Islamic Resistence Movement* (Hamas) (http://www.mideastweb.org/hamas.htm)

34 R. Humphreys, *Between Memory and Desire: The Middle East in a Trouble Age*, University of California Press, 2005.

35 Alberto Castelvecchi, *Al Qa'ida: dall'Afghanistan a Madrid*, Castelvecchi Editore, Roma, 2004

-Boko Haram, è un'organizzazione terroristica jihadista attiva nel nord della Nigeria, fondata da Mohammed Yusuf nel 2001, e organizzata come setta musulmana che ha come obiettivo l'abolizione del sistema secolare e l'imposizione della sharia nel paese. Il gruppo, particolarmente feroce e cruento nelle sue azioni, è tra i più pericolosi sulla scena mondiale odierna, ed è noto per alcuni violentissimi attacchi a Chiese cristiane, e più in generale alla popolazione di fede Cattolica nel nord del Paese, specialmente nei confronti di donne e bambini.(36)

- Come si finanzia il terrorismo islamico.

In un'epoca in cui il 90% del denaro circolante è di forma elettronica, diventa estremamente arduo definire con precisione i flussi economici che coinvolgono un'organizzazione terroristica su scala planetaria. Ciò nonostante le modalità di finanziamento del terrorismo islamico, non differiscono molto da quelle che venivano attuate nei primi anni cinquanta, ovvero agli albori del terrorismo come lo conosciamo oggi37.

Il principale mezzo di finanziamento delle organizzazioni terroristiche è il commercio delle sostanza stupefacenti e dell'oppio in particolare, che vede nell'Afghanistan il primo produttore mondiale con un'esportazione annua di oltre 4 miliardi di dollari (circa il 52% del PIL totale afgano), ed un utile netto di 732 milioni di dollari da reinvestire nell'attività terroristica(38). Quella legata alla coltivazione del papavero da oppio è un'economia diffusa capillarmente in modo particolare nelle zone sud-occidentali del paese come Helmand, Kandhar e Nimroz, proprio laddove vi sono le roccaforti talebane, e coinvolge un consistente numero di famiglie: circa mezzo milione nel 2007, scese a circa 366.000 nel 2008, per un totale di circa 2.4 milioni di persone (oltre il 10% della popolazione). Un altro settore di primaria importanza, per il terrorismo

---

36 Cook David, *The rise of Boko Haram in Nigeria. Combating Terrorism Centre*, 26 September 2011.

37 Napoleoni Loretta, *Terrorismo Spa,* Il Saggiatore, Milano 2012

38 Osservatorio di Politica Internazionale della Camera dei Deputati, La produzione dell'oppio in Afghanistan a cura dell'ISPI, Febbraio 2008

internazionale cosi come per le mafie, è il riciclaggio di denaro frutto di attività illecite.

Volendo un po' semplificare possiamo dire che il riciclaggio e il finanziamento del terrorismo si muovono sullo stesso filone, per evolvere su finalità differenti: se il riciclaggio è la linfa della mafia, elemento essenziale e propedeutico alla realizzazione di azioni criminali, il terrorismo necessita del riciclaggio come strumento atto alla produzione di capitali da investire nell'evento criminoso. Quello che assimila il terrorismo al riciclaggio è la sua fase centrale: infatti, se il riciclaggio genera fondi attraverso il compimento di un misfatto (in diritto penale, reato presupposto), il terrorismo si nutre di denari totalmente leciti, generati attraverso raccolta fondi, donazioni, lasciti, talvolta beneficenza. La fase finale del riciclaggio (denominata *integration)* consiste nel reimpiego dei capitali nell'economia legale grazie alle prestazioni fornite da soggetti altamente specializzati come broker senza scrupoli e banche d'affari; la fase finale del terrorismo è il compimento dell'atto terroristico. Anche il movente è differente: per il riciclaggio mafioso il movente è creare denaro con altro denaro (concetto finanziario applicabile alla fattispecie criminale); nel terrorismo il movente è la realizzazione di atti terroristici legati a dimostrazioni politiche, ideologiche, religiose, sovversive(39).

Infine un settore in piena evoluzione nell'ambito delle attività volte a sostenere economicamente il terrorismo internazionale, è quello delle operazioni finanziarie d'assalto condotte da adepti di tali organizzazioni, specializzati nel trading, nel brokeraggio e nell'alta finanza. Per questo oggi controllare i flussi finanziari è di primaria importanza se si vuole combattere il "riciclaggio a finalità terroristica", fattispecie assente in qualsiasi ordinamento, ma che probabilmente, allo stato dei fatti, meriterebbe un trattamento penalistico a sé stante.

-Principali attentati terroristici di matrice islamica (1992/2014)

7/5/1992 New York: un furgone carico di materiale esplosivo esplode nei sotterranei del World Trade Center di New York. L'attentato, benchè sia il primo di tale gravità perpetuato su territorio statunitense, non viene preso seriamente

---

39 Http://www.ilfattoquotidiano.it//2011/09/13/7le-nuove-armi-del-terrorismo/150107/

in considerazione dalle autorità locali e dall'anti-terrorismo internazionale. Il bilancio finale è 15 feriti, e ingenti danni ai parcheggi del complesso WTC 1 e WTC 2.

29/6/1997 Bombay: Un gruppo di estremisti islamici innesca una serie di esplosivi nel mezzo di un mercato. Il bilancio finale è di 134 morti ed oltre 300 feriti

30/12/1997 Baghdad: milizie facenti capo al rais Saddam Hussein compiono missioni di pulizia etnica che portano all'uccisione di oltre mille oppositori (tutti musulmani) del regime iracheno. Le accuse principali erano la mancata conversione all'integralismo islamico e l'applicazione della sharia solo parzialmente riuscita.

6/6/1999 Malindi: Esplode un'autobomba dinanzi un bar frequentato per lo più da occidentali. Muoiono 12 persone.

8/11/1999 Vilnius: Attentato da parte di estremisti islamici nei pressi della stazione ferroviaria. Circa cento i feriti.

8/8/2000 Mosca: bomba cecena uccide 12 persone, nei pressi della metropolitana

9/11/2000 Mauritania: truppe non regolari paramilitari facenti capo ad una fazione qaedista, colpiscono diversi villaggi nell'Ovest del Paese con mortai e granate. Il bilancio finale sarà di oltre cento vittime, prevalentemente bambini.

3/1/2001 Egitto: estremisti islamici compiono un raid alla periferia de Il Cairo, bilancio finale di quarantatre vittime e oltre duecento deriti.

11/9/2001 U.S.A.: un gruppo di circa dieci kamikaze qaedisti prende il controllo di quattro aerei civili in partenza dagli aeroporti di Boston e Miami. Due aerei si schiantano sulle Twin Towers del World Trade Center di New York (già oggetto di un attentato di matrice qaedista nel 1992 compiuto mediante l'ausilio di furgoni carichi di esplosivo), uno sul Pentagono di Washington che è il centro nevralgico ed istituzionale della Difesa a stelle e strisce, ed uno diretto sulla Casa Bianca. Quest'ultimo grazie all'eroica reazione dei passeggeri presenti a bordo, precipita in un bosco della Pennsylvania, evitando un attacco alla residenza del Presidente degli Stati Uniti. Muoiono complessivamente quasi

4.000 persone provenienti da oltre novanta nazioni, e si scatena ufficialmente quella che verrà poi denominata dal Presidente americano George W. Bush "la nostra guerra al terrore", prevalentemente in territorio afgano e medio-orientale.

23/10/2002 Mosca – 42 terroristi islamici ceceni prendono in ostaggio 700 persone nel teatro Dubrovka. Muoiono tutti i terroristi e più di 120 ostaggi.

27/10/2002 Indonesia: a Bali, due attentati contro locali notturni uccidono 202 persone, in maggioranza turisti occidentali.

19/8/2003 Baghdad: attentato alla sede dell'ONU. 23 morti

4/12/2003 Manila, Filippine: serie di esplosioni nella periferia est della città, porta alla distruzione di diversi edifici e alla morte di circa venti persone.

12/11/2003 Iraq: a Nassiriya attentato suicida contro i soldati italiani. Muoiono 19 italiani e 9 iracheni. Per la prima volta dalla seconda guerra mondiale si registra un cosi alto numero di vittime italiane in teatri di guerra che vedono impegnate le nostre Forze Armate.

11/3/2004 Madrid: più di 10 bombe esplodono presso la stazione ferroviaria, uccidendo 190 persone e ferendone 1.899. Al-Qeida rivendica l'attentato.

Questo è il primo attentato effetivamente rivendicato dai qaedisti, confermando l'Europa come uno dei bersagli prediletti del terrorismo islamico.

07/07/2005 Londra – la furia del fondamentalismo islamico colpisce la capitale britannica; esplodono 4 bombe (3 nel metrò ed una su un autobus), provocando la morte di 53 persone ed il ferimento di altre 750.

13/07/2005 Baghdad – Mentre gli americani distribuiscono dolci e caramelle ai bambini, un kamikaze si fa esplodere. Muoiono in 32, quasi tutti bambini

17/05/2006 Ankara (Turchia) – Un giudice del Consiglio di Stato che aveva vietato il velo islamico nelle università e negli uffici pubblici è stato assassinato a colpi di pistola. Feriti altri 5 magistrati. L'omicida è un giovane avvocato turco, che si è proclamato "soldato di Allah".

21/8/2006 Peshawar – nella provincia pakistana con la più alta densità di talebani, si registrano una serie di attacchi contro militari Nato, funzionari Onu e popolazione autoctono. Il bilancio finale è di 3 morti e 21 feriti (quasi tutti donne e bambini di un villaggio a ridosso delle montagne che segnano il confine afgan-pakistano)

10/07/2007 Afghanistan – In un attentato suicida contro le forze Nato sono morti 17 civili, tra cui ben 12 bambini.

13/02/2007 Libano – In un attentato contro due minibus perdono la vita tre persone ed altre venti rimangono gravemente ferite.

14/2/2008 Striscia di Gaza – Un'autobomba viene lanciata a tutta velocità verso il check-point israeliano, non ci saranno morti (ma oltre 15 feriti gravi), ciò nonostante questo episodio scatena la reazione israeliana che bombarda con colpi di mortaio gli insediamenti palestinesi a ridosso del confino.

06/03/2008 Gerusalamme - un palestinese con cittadinanza israeliana fa irruzione in una scuola religiosa ebraica (dove in passato aveva lavorato come autista) ed uccide, a colpi di mitra, 8 ragazzini riuniti in preghiera, prima di essere ucciso a sua volta. Alla notizia, i palestinesi di Gaza hanno festeggiato per le strade.

22/10/2008 Somalia – Dall'inizio del 2007, la guerra civile scatenata dai fondamentalisti islamici ha provocato 10.000 vittime tra i civili e 3 milioni di profughi.

27/11/2008 Mumbai (India) – In più attacchi simultanei vengono assaliti hotel e ristoranti generalmente frequentati da turisti e giornalisti occidentali a colpi di granate e armi da fuoco. Gli scontri durano due giorni. Muoiono oltre 190 persone (tra questi l'italiano Antonio Di Lorenzo) e ne rimangono ferite quasi 400.

22/02/2009 Egitto – A Il Cairo, nei pressi di un caffè nel bazar di Khan el-Khalili, in noto quartiere turistico, una bomba è esplosa uccidendo una ragazzina francese di 17 anni e ferendone altre 24 (quasi tutti turisti occidentali). Vengono arrestate due donne completamente velate. L'Egitto ha una sanguinosa storia di terrorismo islamico. Il bazar di Khan el-Khalili è già stato teatro di un attentato suicida nell'aprile 2005 costato la vita a due turisti francesi e a un americano. Nel 2006 la stazione balneare di Dahab, nella penisola del Sinai, venne colpito in un triplo attentato in cui morirono 20 persone. Nel 2004 e 2005 altri due attacchi insanguinarono la costa egiziana lungo il Mar Rosso, a Taba e Sharm El Sheik, uccidendo oltre 100 persone. Negli anni '90 l'Egitto fu teatro di un lungo conflitto con militanti islamici che culminò con il massacro di turisti a Luxor nel 1997.

26/8/2009 Afghanistan – A Kandahar cinque autobomba esplodono simultaneamente nei pressi dell'Agenzia Internazionale Canadese per lo Sviluppo: 45 morti e 60 feriti.

25/10/2009 Baghdad – In un tremendo duplice attentato muoiono 165 persone, 500feriti.

11/07/2010 Uganda – A Kampala, la capitale, due kamikaze islamici somali si fanno esplodere in due locali dove si stava proiettando la finale dei Campionati mondiali di calcio: 64 morti, oltre 60 feriti.

15/07/2010 Iran – A Zahedan, due kamikaze si fanno esplodere nei pressi di una moschea sciita. Il primo scoppio è causato da un uomo travestito da donna, mentre il secondo avviene quando la gente accorre per soccorrere i feriti. 20 morti e 100 feriti.

03/03/2011 Germania – All'aeroporto di Francoforte, un kosovaro di 21 anni spara su alcuni militari statunitensi in trasferta: 2 morti e 2 feriti.

15/04/2011 Striscia di Gaza – Vittorio Arrigoni, pacifista, volontario italiano a Gaza per aiutare la popolazione civile, viene rapito e strangolato da gruppi islamici salafiti. Gli estremisti volevano la liberazione, da parte di Hamas, di alcuni loro leader.

18/08/2011 Pakistan – Nel nord-ovest del paese, un adolescente si fa esplodere in una moschea: 43 morti (tutti civili ed islamici), oltre 100 i feriti.

27/08/2011 Algeria – Nella cittadina di Cherchell due kamikaze si fanno esplodere all'ingresso di una mensa dell'esercito: 18 morti.

05/11/2011 Nigeria - Una serie di attentati colpisce chiese e commissariati: 63 morti, 100 feriti.

25/12/2011 Nigeria – In tutto il paese, nel giorno di Natale, numerosi attacchi dinamitardi contro i cristiani, rivendicati da gruppi islamici: 110 morti, centinaia di feriti.

07/01/2012 Nigeria - Uomini armati hanno aperto il fuoco in una chiesa a Yola, nel nordest della Nigeria, uccidendo almeno 8 cristiani.

21/03/2012 Nigeria - Fondamentalisti del Boko Haram sferrano attacchi in tutti il nord del Paese contro i luoghi di culto Cristiani, il bilancio finale sarà di oltre 90 vittime e migliaia di feriti.

10/05/2012 Nigeria – Sempre la Nigeria al centro dell'ondata di violenza scatenata dall'integralismo islamico. Quesa volta l'obiettivo è una Chiesa situata 40 km a nord di Lagos, le vittime finali saranno 30.

12/09/2012 Libia – In un attacco al Consolato Americano di stanza a Bengasi condotto da fondamentalisti islamici legati alla locale milizia qaedista, perdono la vita l'Ambasciatore americano Chris Stevens, un alto funzionario della diplomazia a stelle e strisce, due marines e circa dieci soldati libici. E' uno degli attentati volti a colpire istituzioni occidentali, più feroce ed efferato degli ultimi dieci anni.

3/1/2013 Nigeria – Estremisti di Boko Haram fanno un'irruzione in una Chiesa Cristiana ove si stava celebrando una Messa, compiono un massacro con quaranta vittime e oltre cento feriti

8/1/2013 Mali – Forze jihadiste tentano un golpe militare nel nord del Paese, e sulla loro strada verso Timbuktu lasciano oltre diecimila morti ed un milione di sfollati.

15/4/2013 Boston – Il terrorismo torna a colpire gli Stati Uniti, l'obiettivo è l'antica maratona di Boston, dove due jihadisti ceceni piazzano degli ordigni rudimentali presso l'arrivo di tale manifestazione. Alla fine saranno tre le vittime ed oltre centocinquanta i feriti.

22/09/2013 Kenya – In un assalto al mall center di Nairobi i miltanti di Al Shabab compiono una vera e propria strage, uccidendo 63 persone e ferendone 175.

30/10/2013 Tunisia – Un militante jihadista si fa esplodere davanti all'ingresso di un hotel frequentato prevalentemente da occidentali sotto gli occhi atterriti degli ottocento ospiti dell'albergo.

05/05/2014 Nigeria – I terroristi di Boko Haram rapiscono circa duecento studentesse di un liceo nel nord del Paese. L'intero mondo si mobilita per la loro liberazione, divenendo il primo caso mediatico che porta l'attenzione sulla difficile situazione nigeriana,

08/07/2014 Kenya – Il gruppo terroristico somalo Al Shabab compie l'ennesimo attacco ai danni di un'istituzione occidentale, il Lamu Conservation Trust organizzazione di sostegno alle popolazioni locali, dando alle fiamme edifici ed auto del personale.

Di seguito riportiamo su cartina geografica alcuni degli attentati terroristi di matrice qaedista sopracitati.

(40)

---

40 Mappa aggiornata dei più recenti ed atroci attacchi terroristici compiuti da forze jihadiste.

LE RISPOSTE AL FENOMENO.

A distanza di molti anni dall'inizio della cosiddetta "guerra al terrorismo", ovvero la campagna militare internazionale volta a distruggere le organizzazioni terroristiche internazionali, condotta in primis dagli Stati Uniti e Regno Unito, e più in generale da tutte le nazioni aderenti al Patto Atlantico che ha poi dato vita alla Nato, o comunque con governi democratici, inizia ad essere molto sentita l'esigenza di trovare forme alternative di lotta al terrorismo.

I motivi sono molteplici:

- in molti sostengono che gli interventi militari siano almeno in parte illegittimi, e ancor di più controproducenti, in quanto si ritiene che facciano il gioco dei terroristi, perchè esasperando gli animi degli autoctoni spingono sempre più persone ad aderire spontaneamente a tali organizzazioni.

- si ritiene che anche le legislazioni speciali, che vanno ben oltre la legalità democratica, finiscono con lo spingere all'illegalità coloro ai quali viene impedita la libertà d'espressione e di pensiero. Inoltre colpiscono nella massa anche persone che spesso sono del tutto estranee ed innocenti, provocando risentimenti ed odi, un clima di guerra che è l'alimento fondamentale, il fuoco di cui si nutre ogni estremismo e ogni terrorismo.

- altro fattore importantissimo da tenere in considerazione, è il particolare momento di congiuntura economica, sociale e culturale che l'Occidente sta attualmente vivendo. Sostenere campagne militari ha un costo esorbitante, oltre che sul versante meramente economico, anche in termini di vite umane, e la moderna società occidentale non è disposta oggi giorno, diversamente da quanto accadeva soltanto qualche decennio addietro, a sacrificare i propri figli in guerre che sono oltretutto di difficile interpretazione per la massa.

- **Principali strumenti impiegati nella lotta al terrorismo.**

Sulla base di quanto detto, proviamo ora a fare una rassegna degli strumenti a disposizione della comunità internazionale per far fronte a questo fenomeno.

-Giustizia Internazionale. E' opinione comune che la causa prima e generale delle guerre, e quindi anche della proliferazione del terrorismo, vada individuata essenzialmente nelle ingiustizie politiche e sociali. Probabilmente se queste non ci fossero, non ci sarebbero nemmeno i conflitti. Di conseguenza si può dire che se non si vuole la guerra, si deve assolutamente operare per la giustizia, in quanto essa è il fondamento della pace. Il concetto di giustizia non è un a-priori assoluto e universale, ma si declina a seconda dei contesti. Pertanto, alla pace tra più contendenti si può arrivarte non appellandosi al concetto di giustizia, ma praticando il dettato della negoziazione per trovare una strada comune da percorrere.

-La via politica. Con questo termine si intendono genericamente le modalità per ridurre al minimo le possibilità dell'intervento militare. Entrano nelle trattative un grappolo di fattori importanti e spesso poco considerati, come i corrispettivi economici e commerciali, principi internazionalmente accettati, pressioni delle opinioni pubbliche nazionali e internazionali, la macchina mediatica a disposizione dei governi, e altro. Certamente la trattativa è l'unico mezzo per risolvere i conflitti senza far ricorso al mezzo bellico, come d'altro canto la stessa guerra ha bisogno delle trattative per risolversi in qualche modo. La pace si fa quindi come fosse un accordo commerciale, cercando di accontentare tutte le parti in causa, dando a tutti un qualcosa per cui valga la pena accordarsi. Ovviamente questo criterio trova non poche difficoltà ad essere applicato al terrorismo, in quanto venire incontro alle folli richieste dei terroristi significa legittimarli, rischiando una proliferazione incontrollata di tale fenomeno. Con il terrorismo islamico si pone inoltre un altro problema: i jihadisti non avanzano nessuna richiesta ragionevole e concretamente definita, essi semplicemente combattono l'Occidente <<per quello che rappresenta, non per quello che è>>(41). Ovviamente in una simile condizione, è impossibile stabilire un tavolo

---

41 Frase rilasciata mediante registrazione audio da Osama Bin Laden all'indomani degli attacchi terroristici di Londra, Luglio 2005.

di discussione tra le parti: tale stallo può essere superato solo da fazioni che non hanno alla base del proprio credo la distruzione dell'altro.

-*La via militare.* Lo sviluppo e/o la relativamente facile reperibilità, da parte dei terroristi, di tecnologie fino a poco tempo addietro considerate "materia esclusiva" degli eserciti più grandi e attrezzati del mondo, ha cambiato radicalmente anche l'approccio militare al fenomeno terroristico. Si è passati gradualmente dalle guerre cosiddette "preventive", che hanno prodotto risultati altalenanti, a missioni di peacekeeping svolte da organizzazioni internazionali come la NATO e l'ONU, in cui i militari sono coadiuvati da varie figure professionali (sociologi, psicologi, esperti di diritto, medici) che tendono a stabilire con le popolazioni autoctone di quei territori in cui la rete terroristica è più forte, un rapporto utile a smantellarne la base di supporto. Sono inoltre fondamentali le azioni mirate compiute su un singolo obiettivo dai corpi speciali, che riducono al minimo le possibilità di morti civili e innocenti, e che ad oggi hanno prodotto risultati notevoli: l'esempio più eclatante è l'uccisione di Osama Bin Laden nell'ambito di un'operazione mirata condotta dai Navy Seals americani, il 2/5/2011 in Pakistan.

-*Il dialogo interculturale.* Lo sviluppo dei rapporti culturali è un formidabile mezzo (in un'ottica di costi e risorse impiegate) per prevenire e dirimere i conflitti, anche se richiede tempi lunghi, che rischiano di acutizzare i conflitti stessi. Tuttavia per il terrorismo islamico, il problema si complica essendo questo contrario ad ogni forma di dialogo con l'Occidente. Con tali precondizioni è evidente che impostare un dialogo culturale serio e costruttivo risulti essere estremamente difficile, in quanto la totale indisponibilità al dialogo da parte della fazione jihadista, riesce puntualmente a far naufragare ogni tentativo in questa direzione. Detto questo è comunque doveroso segnalare, la creazione da parte delle organizzazioni internazionali (Onu42, Unesco43, Unicef44, Fao45, ecc) di tavole rotonde per la comprensione delle diversità, iniziative che riscuotono un sempre maggiore successo grazie a

---

42 in sigla **ONU**, spesso abbreviata in **Nazioni Unite**, nata 26 Giugno 1945 a San Francisco, è la più importante ed estesa organizzazione intergovernativa mondiale: vi aderiscono infatti 193 Stati del mondo un totale di 202.

43 L'**Organizzazione delle Nazioni Unite per l'Educazione, la Scienza e la Cultura (UNESCO**, dall'acronimo inglese *United Nations Educational, Scientific and Cultural Organization*)

programmi come il "Forum of the Alliance for Civilizations" ed "European Year of Cultural Dialogue".

-*Onu e mediazione araba.* spesso si pensa che nel rapporto con il terrorismo occorre fare riferimento all'ONU, che darebbe garanzia di legalità internazionale e delegherebbe la mediazione agli arabi stessi, che non sarebbero percepiti come forze di invasione come avviene per gli eserciti occidentali. Bisogna però considerare che i fondamentalisti islamici ritengono l'ONU una diretta espressione dei valori occidentali contro i quali si sentono in lotta permanente, lo accusano di essere il maggior responsabile della nascita dello Stato di Israele, e infine, quelli che nell'ONU sono definiti "diritti umani" e "principi del diritto internazionale", sono considerati aberrazioni anti-islamiche contro cui si deve combattere con ogni mezzo. Ciò non toglie che l'ONU possa assumere un'importante funzione nello svolgimento delle trattative e avere propri rappresentanti come testimoni (i celebri peacekeeper): ma si resta nell'ambito delle trattative di cui abbiamo trattato in precedenza. Altro discorso è l'invocazione dell'intervento di truppe arabe in sostituzione degli Occidentali: innanzitutto è sotto gli occhi di tutti che nessun paese arabo è disposto a partecipare a conflitti che non rechino immediati vantaggi (soprattutto economici), e anche se fosse disposto non avrebbe risorse sufficienti per poter far fronte adeguatamente alla minaccia terroristica. Ma c'è un problema ancor più profondo, in quanto in tutto il Medio Oriente si combatte una guerra civile interna fra moderati e integralisti, ed un esercito arabo sarebbe necessariamente subito identificato come appartenente ad una delle due fazioni. Oltretutto gli arabi sono in guerra con gli integralisti da molto prima degli occidentali, quindi probabilmente sono loro nella condizione di dover chiedere sostegno e aiuto alle democrazie occidentali, rischiando in questo caso di apparire come truppe ausiliari degli occidentali stessi.

-*Via giudiziaria e Intelligence.* In molti ritengono che la lotta al terrorismo possa essere condotta applicando rigorosamente le leggi da parte della

---

44 Il **Fondo delle Nazioni Unite per l'infanzia**, anche **UNICEF** (già *United Nations International Children's Emergency Fund*, e dal 1953 *United Nations Children's Fund*)

---

45 L'**Organizzazione delle Nazioni Unite per l'Alimentazione e l'Agricoltura**, in sigla **FAO**,è un'agenzia specializzata delle Nazioni Unite il mandato di aiutare ad accrescere i livelli di nutrizione, aumentare la produttività agricola, migliorare la vita delle popolazioni rurali e contribuire alla crescita economica mondiale.

magistratura, senza ricorrere ad una legislazione speciale che comporterebbe una sorta di "colpo" allo stato democratico e di diritto, o al limite ammettendo leggi peculiari ma sempre nell'ambito dei precetti democratici. Proviamo però ad analizzare onestamente l'efficacia di tale strumento: nel diritto penale vige il criterio "in dubio pro reo" (nel dubbio bisogna assolvere il reo), infatti quando una giuria dichiara "non colpevole" un imputato non afferma che è esso è realmente non colpevole, piuttosto che nel corso del dibattimento non sono emerse prove certe della sua colpevolezza (beyond responsable doubt, oltre ogni ragionevole dubbio, come si suole dire nel Common Law). Detto sistema è concepito per perseguire gli autori di reati "comuni" come assassini, ladri, scippatori, ma non certo un terrorista che non è assolutamente assimilabile al comune delinquente. Da più parti è stato osservato che se la polizia avesse fermato gli attentatori dell'11 Settembre, probabilmente questi sarebbero stati rilasciati nel giro di pochi giorni, se non di poche ore, in quanto la legge non può punire chi non ha ancora commesso un reato anche se potrebbe commetterlo. Tuttavia, la vera inadeguatezza del nostro sistema giudiziario sta nelle sanzioni: esse sono erogate dopo che è stato compiuto l'atto e non prima per prevenirlo, e comunque dare l'ergastolo ad una persona che aveva messo in conto di morire risulta essere quanto meno illogico. Da questo quadro a dir poco complesso e machiavellico, si intuisce chiaramente che il terrorismo è qualcosa di ben diverso da un semplice crimine, è piuttosto un atto di guerra che va perseguito con mezzi e strumenti straordinari.

Altro strumento spesso invocato è l'Intelligence. Grandissimo affidamento si fa sul ruolo svolto dai servizi segreti, ma in realtà questi non possono fare molto, specie se si pretende che rimangano su un piano di assoluta e rigorosa trasparenza. Molti dei mezzi comunemente usati da queste agenzie risultano essere spesso di difficile applicazione, come ad esempio infiltrare un informatore all'interno di una cellula terroristica (che si presenta come un ambiente praticamente ermetico ed impermeabile a soggetti terzi) o, nel caso specifico delle organizzazioni terroristiche islamiche, una vera e propria impossibilità di compiere tale operazione in quanto esse non costituiscono un tutto organico, ma sono il risultato della somma di una moltitudine di cellule. In conclusione, le indagini di polizia, la paziente opera della magistratura e ancor di più le operazioni di intelligence sono elementi fondamentali e irrinunciabili nell'ambito della lotta al terrorismo, ma per la loro stessa natura non si possono considerare risolutive in quanto, lo ripetiamo, il terrorismo non è un problema di ordine pubblico, bensì al contempo un atto e una dichiarazione di guerra.

-Deterrenza nucleare e cyberarmi; un ultimo importantissimo aspetto da considerare nell'ambito di una moderna lotta al terrorismo, è il ritorno a vecchie strategie politico-militari ampiamente sfruttate nell'epoca della guerra fredda, e che oggi tornano prepotentemente attuali specialmente nei confronti dei cosiddetti Stati-canaglia, ovvero tutti quei Paesi che offrono supporto logistico, militare ed economico al terrorismo mondiale (in questa black list compaiono la Corea del Nord, lo Yemen, l'Iran e Cuba, ma altri Paesi come il Venezuela o la Bolivia, proprio per la loro politica spudoratamente anti-democratica e sprezzanti dei diritti umani rischiano di esservi inseriti). Tale strategia si è sviluppata a partire dal 1949, quando l'Unione Sovietica si dotò di armi atomiche al pari degli Stati Uniti, e si basa su una particolare forma di dissuasione che, secondo la teoria matematica dei giochi, può essere definita come il tentativo di influenzare il comportamento di un giocatore convincendolo del fatto che una mossa apparentemente vantaggiosa – come un primo attacco nucleare (first strike) – si ritorcerebbe contro per la risposta immediata e simmetrica del difensore.

Un tentativo per superare tale equilibrio fu fatto dal Presidente Ronald Reagan che nel 1983 ha promosso lo Strategic Defense Initiative (SDI), finalizzata alla realizzazione di uno "scudo spaziale" in grado di difendere gli Stati Uniti da un attacco nucleare e consentirgli il cosiddetto "First Strike". Questo progetto avveneristico, per il quale il Congresso stanziò in dieci anni ben 44 miliardi di dollari, si basava su tecnologie missilistiche, laser e satellitari all'epoca irrealizzabili, ma contribuì ad aumentare la spesa militare dell'Urss e a farne collassare l'economia. Tale strategia fu in seguito ripresa dal Presidente Clinton che, per fronteggiare la sempre crescente minaccia terroristica , arrivò a stipulare un accordo con la Federazione Russa per il dispiegamento di un radar di allerta in Repubblica Ceca e un sistema missilistico di intercettazione in Polonia. Nonostante tutto l'accordo naufragò, in quanto l'Unione Sovietica, malgrado l'accordo fosse stato sottoscritto dai governi interessati, contrastò aspramente questo progetto considerandolo come una minaccia concreta ai propri interessi economici e politici.

Negli ultimi anni il Presidente Obama ha rimodulato lo SDI in base alla sua dottrina strategica (che analizzeremo approfonditamente più avanti), che prende in considerazione l'utilizzo delle forze speciali e droni in battaglia, ridimensionando la possibilità di ricorrere alle armi nucleari. Il nuovo scudo, "più soft" per ottenere il via libera da Mosca, prevede intercettori mobili in Romania e Polonia, privi però della indispensabile capacità offensiva(46). L'ultima frontiera della lotta al terrorismo è costituita dalle cyberarmi. Fino ad ora se un sistema informatico militare non era connesso ad internet, l'unica strada per metterlo ko era quello di accedervi fisicamente con tutti i rischi che questo tipo di operazione poteva comportare. Adesso invece la DARPA (l'agenzia scientifica del Pentagono), starebbe sperimentando, anche con un certo successo, una cyberarma in grado di inserire via radio dei codici speciali anche quando gli apparecchi da colpire sono offline o addirittura spenti. In pratica si tratta di virus che potrebbero infettare il sistema informatico per distruggerlo o per prenderne il controllo(47). Opzione quest'ultima utilissima, se si pensa ad esempio quanto sarebbe vantaggioso controllare la rete di radar del nemico, in caso si pensi di effettuare un bombardamento. Fino a dieci anni fa la cyberguerra era pura fantascienza ad appannaggio delle produzioni hollywoodiane, oggi invece è realtà, e funge da esempio il virus Stuxnet che, entrato nel sistema iraniano che controllava il funzionamento delle centrifughe nucleari, ha ritardato di molti mesi lo sviluppo del programma nucleare di quel paese.

- **La prima risposta al terrorismo su scala globale: la "dottrina Bush"**

All'indomani degli attacchi dell'11 Settembre che hanno visto collassare in insieme con il World Trade Center di New York ed il Pentagono di Washington, soprattutto le certezze che l'Occidente si era, costruito nel corso dell'ultimo decennio, le nazioni aderenti al Patto Atlantico con gli USA in testa, i Paesi alleati e tutti i governi democratici del mondo, si sono interrogati sul tipo di

---

46 Http://www.ilcaffègeopolitico.net/central_content

47 Http://www.corriere.it/scienze_e_tecnologie/12_marzo_20/ciberguerra-usa-marco-letizia-20-marzo-2012

risposta che andava immediatamente servita a questo fenomeno del nuovo millennio.

Negli Stati Uniti allora guidati dal Presidente George W. Bush, esponente del Partito Repubblicano, vi erano molte correnti di pensiero sulla maniera di rispondere al terrorismo di matrice islamica, ma emerse chiaramente, fin dalle ore successive agli attacchi, un deciso sostegno alla volontà degli interventisti, ovvero coloro che erano decisi a stanare i terroristi all'interno delle loro roccaforti, debellare i regimi instaurati in tali Paesi e avviarne un processo di democraticizzazione. Inizia così a definirsi in modo deciso la cosiddetta "dottrina Bush", che viene riassunta in questi documenti strategici: il "The National Security Strategy of the United States of America", la "National Strategy for Combating Terrorism" e la "National Strategy for Homeland Security". Secondo questi testi per arginare e sconfiggere il fenomeno terroristico sono necessarie le seguenti misure: avviare un'azione militare diretta e decisa in tutti quei Paesi in cui i terroristi trovano riparo; difendere assolutamente gli interessi degli Stati Uniti all'estero mediante l'identificazione e la distruzione preventiva della mincaccia incombente; bloccare le fonti di finanziamento del terrorismo, come ad esempio il traffico degli stupefacenti, delle armi e degli esseri umani; intraprendere una guerra di idee, promuovendo la diffusione degli ideali democratici e liberali in tutte quelle aree del mondo ancora soggette a regimi dittatoriali, totalitari o autocratici. Queste linee guida hanno trovato immediata applicazione nell'intervento militare condotto dagli Usa in Afghanistan del 2001, il primo di una lunga serie finalizzati ad eradicare un regime filo-terroristico.

Un altro aspetto interessante di questa dottrina è la lotta senza sosta alla proliferazione e alla circolazione di armi di distruzione di massa (che con l'accelerazione avvenuta dopo il crollo della cosiddetta "cortina di ferro"48, ha subito un'impennata tale da lasciare presagire nel breve-medio termine una possibile acquisizione di armi di distruzione di massa da parte del terrorismo ed altri gruppi criminali operanti su larga scala) e la counterproliferation e la nonproliferation sono le due colonne portanti di tale strategia. Con il primo

---

48 Termine utilizzato in Occidente per indicare la linea di confine che divise l'Europa in due zone separate di influenza politica, dalla fine della Seconda Guerra Mondiale alla fine della Guerra Fredda. Durante questo periodo storico, L'Europa Orientale era sotto il controllo politico, economico e miltare dell'Unione Sovietica, mentre l'Europa Occiedentale era posto sotto l'infkuenza degli Stati Uniti d'America

termine si intende l'interdizione effettiva che si realizza impedendo agli stati-canaglia di intercettare e sviluppare la tecnologia necessaria per la costruzione di tali armi, mediante un meticoloso lavoro di intelligence e con il rafforzamento dello strumento legislativo, ma non escludendo anche la possibilità di reagire con armi di distruzione di massa se attaccati. La nonproliferation prevede invece una sorta di diplomazia attiva, che tende al rafforzamento dei trattati multilaterali esistenti con la maggior parte dei Paesi del mondo. Indubbiamente la prima visione ha un peso specifico ben più rilevante all'interno della conservatrice amministrazione Bush, sostenitrice convinta dell'azione preventiva, che aveva tra i suoi principali fautori il Vice Presidente Dick Cheney, il Ministro della Difesa Donald Rumsfeld e l'allora Segretario di Stato Condoleeza Rice.

Il concetto di guerra preventiva, che ha suscitato un ampio dibattito per alcuni suoi aspetti problematici, come la questione della compatibilità con le norme del Diritto Internazionale, e con gli ideali propugnati dagli Stati democratici che andrebbero ad applicarla, trova la sua prima reale implementazione con l'intervento condotto dagli Stati Uniti in Iraq nel 2003. Tale intervento, attuato unilateralmente senza l'appoggio delle Nazioni Unite, fu condotto per destituire l'allora dittatore iracheno Saddam Hussein, sponsor del terrorismo islamico e nemico di vecchia data degli Usa e dell'Occidente a causa delle sue continue minacce, talvolta attuate, nei confronti di tali Paesi. Nel corso di questa campagna militare condotta prevalentemente mediante l'utilizzo di truppe terrestri, l'Occidente ha sperimentato con mano l'impossibilità di applicare vecchi concetti militari con nemici inediti e facilmente sfuggevoli come i terroristi. Possiamo affermare che il terrorismo odierno è quanto di più vicino al concetto di "mondo liquido", (ovvero un mondo in cui le norme e le certezze sociali vengono meno, ma soprattutto un mondo in cui la mobilità e la precarietà la fanno da padrone), in quanto non è identificabile con un territorio, con un'etnia, con un Paese. Il terrorismo odierno è un fenomeno appunto "liquido", perché trasversale, facilmente radicabile in ogni parte del globo, con il grandissimo vantaggio di avere la capacità di mimetizzarsi addirittura nei Paesi che si propongono di combatterlo. Pertanto l'operazione militare di cui sopra dopo soltanto pochi mesi di esercizio, venne repentinamente modificata nella sua essenza: alle truppe terrestri vennero preferiti i droni, i pattugliamenti con mezzi pesanti rimpiazzati con altri ad altissima rapidità d'azione (elicotteri e robot telecomandati), ma soprattutto venne attuato un micro-sistema di welfare da parte dell'esercito americano presso i civili coinvolti loro malgrado in questa guerra, proprio per scollare il terrorismo dalla società autoctona, rendendolo un'entità estranea agli stessi iracheni, raggiungendo un traguardo notevole nell'opera di demolizione delle roccaforti terroristiche.

- Un nuovo modo di combattere il terrorismo: la "dottrina Obama"

Con l'insediamento del 44° Presidente degli Stati Uniti d'America, il democratico Barack Obama, vi è stato un repentino cambiamento nella metodologia di lotta al terrorismo. Si pone maggiore enfasi su aspetti che in precedenza erano stati pressocchè ignorati dall'amministrazione Bush Jr., poco interessata alla valutazione di vie alternative alle classiche tipologie di lotta al terrore. Parole come dialogo culturale, lotta alla proliferazione nucleare, e distruzione di obiettivi specifici e mirati nelle zone ad alta densità terroristica, sono state introdotte con l'ingresso alla Casa Bianca dell'ex Senatore dell'Illinois. Possiamo facilmente delineare tre linee d'azione della politica estera dell'amministrazione Obama49, che hanno avuto profonde ripercussioni anche nella lotta globale al terrorismo:

La prima linea d'azione, l'apertura degli Usa nei confronti del mondo islamico, è molto ambiziosa sia a causa della percezione dell'americano medio che associa il terrorismo all'Islam, sia per il forte e radicato pregiudizio che il mondo islamico nutre nei confronti degli Stati Uniti, visti come l'emblema dell'Occidente e sempre molto vicini culturalmente e politicamente allo Stato d'Israele. Inoltre a fungere da ulteriore freno a tale iniziativa sono spesso gli stessi leader islamici, che costruiscono il loro potere proprio sull'odio nei confronti degli Usa e dell'Occidente. Ciò nonostante, con il discorso che ha tenuto all'Università del Cairo il 4 giugno 2009, Obama ha cercato di evidenziare gli elementi che la cultura americana e quella islamica hanno in comune, lanciando messaggi di rispetto, tolleranza e condivisione.

Il percorso di avvicinamento fra Islam e America è ancora lungo e pieno di ostacoli che dovranno essere affrontati e superati con pazienza e grande

---

49 Anthony M. Quattrone, http://politicamericana.com/2010/04/18/le-tre-taiettorie-della-politica-estera-di-obama/

realismo. Uno dei maggiori ostacoli rimane il conflitto fra Israele e palestinesi, che continua ad alimentare oggi più che mai, sentimenti antiamericani in tutto il Medio Oriente. L'atteggiamento intransigente da parte di alcuni governanti israeliani e palestinesi, e il fondamentalismo ed il fanatismo di alcuni gruppi politici armati come Hamas ed al-Fatah, creano nuovi ostacoli per la politica di avvicinamento nei confronti dell'intero mondo islamico. Per il noto generale David H. Petraeus, l'ex comandante delle forze militari Usa nel Medio Oriente e uno dei massimi strateghi militari americani di tutti i tempi, il conflitto fra israeliani e i palestinesi tocca direttamente gli interessi economoci, politici e militari americani, creando un ambiente poco sicuro e decisamente avverso per le forze armate Usa in tutto il Medio Oriente. Dobbiamo quindi evidenziare che questa politica di apertura ad oggi ha prodotto ben pochi risultati palesi e ancor meno effetti positvi nel processo di lotta al terrore.

La seconda linea d'azione che ha marcato in modo indelebile la politica estera di Obama è il cambio di strategia che il presidente ha impresso alla campagna militare in Afghanistan. Durante la campagna elettorale, Obama aveva aspramente e più volte criticato l'allora presidente in carica, George W. Bush, per non aver completato le operazioni militari in Afghanistan, lasciando ampii territori del paese in mano ai talebani, e senza che le istituzioni centrali afgane potessero svilupparsi concretamente. Per Obama, una nuova strategia che combinasse interventi militari e civili era necessaria al fine di evitare che l'Afghanistan ricadesse di nuovo sotto il controllo dei talebani, i quali avrebbero potuto ospitare, ancora una volta, i terroristi di al-Qaeda. Obama ha deciso nel maggio 2009 di cambiare strategia nominando il generale Stanley McChrystal come comandante delle forze Usa e Nato in Afghanistan, con l'ordine urgente e tassativo di sviluppare una nuova strategia integrata, che combinasse sicurezza sul territorio, stabilizzazione delle neonate istituzioni afgane, un rapido allargamento dell'irrisorio sistema di welfare per evitare pericolose derive estremistiche dovute alla radicata povertà, e uno sviluppo costante e sostenibilie del sistema economico del Paese. Obama ha accettato, almeno in parte, la richiesta di McChrystal di aumentare le truppe terrestri americane dispiegate sul campo, e ha condotto una notevole campagna diplomatica per convincere i partner europei della Nato a impegnarsi di più. Questa azione ha prodotto un significativo miglioramento dei rapporti tra popolazione afgana e contingenti militari stranieri presenti sul territorio, ma al contempo ha reso lo Stato afgano dipendente dalle logiche politiche e militari occidentali, rischiando una volta finita l'operazione condotta da Usa e Nato, di ricardere rapidamente nel caos e nell'ingovernabilità.

Infine, un'ultima linea d'azione che ha segnato e che segna tutt'oggi la politica estera di Barack Obama, è la sua visione poco realista di un mondo senza armi nucleari. Obama annunciò nel discorso che tenne dinanzi ad un'immensa folla a Praga il 5 aprile 2009, che si sarebbe impegnato per la riduzione e la non proliferazione delle armi nucleari. Il comitato di Oslo per il Nobel della Pace ha premiato la visione del presidente americano, assegnandogli il Nobel per la Pace del 2009, forse fin troppo prematuramente per incoraggiarlo a procedere, durante il suo mandato presidenziale, nel processo di denuclearizzazione del mondo. A un anno di distanza dal discorso di Praga, il presidente americano ha riportato, con non poche difficoltà, due successi in tale direzione. Il primo è la firma del nuovo trattato START che Obama e il premier russo Dmitrij Medvedev hanno firmato a Praga l'8 aprile 2010.

Questo nuovo trattato, che prevede la riduzione dei rispettivi arsenali bellici nucleari del 30%, sostituisce il primo START firmato da Mikhail Gorbaciov e George H.W. Bush nel 1991. Il secondo successo è la partecipazione di quarantasette paesi alla conferenza sulla sicurezza nucleare organizzata e ospitata dal presidente americano a Washington il 12 e 13 aprile 2010. La conferenza ha permesso di formulare un piano di misure concrete ed efficaci, per mettere in sicurezza nel giro dei prossimi quattro anni tutto il plutonio e l'uranio altamente arricchito, garantendo che tale materiale non cada nelle mani di paesi ad alto rischio o di gruppi terroristi. <<A due decenni dalla fine della Guerra fredda" ha evidenziato Obama, "ci troviamo ad affrontare una crudele ironia della storia: il rischio di un confronto nucleare tra le nazioni è diminuito, ma il pericolo di un attacco nucleare è aumentato>>, perché se il materiale nucleare cadesse nelle mani di organizzazioni come al-Qaida, <<anche una quantità minima o irrisoria di plutonio, potrebbe uccidere milioni di persone>>. Le maggiori potenze nucleari sembrerebbero interessate, dopo la conferenza, a sostenere Obama quando proporrà nuove misure contro l'Iran e la Corea del Nord per bloccare i loro programmi per costruire armi atomiche. Attualmente però, lungi dall'essere ad un punto di svolta, tali misure si sono rivelate inefficaci ed hanno segnato uno stallo nei rapporti diplomatici e militari tra i Paesi.

Forse l'unica vera rivoluzione, se cosi la possiamo definire, che ha introdotto Obama nell'ambito della lotta al terrorismo è stata, l'applicazione di ciò che aveva proposto nella campagna elettorale del 2008: conclusione della guerra in Iraq, ritiro progressivo dall'Afghanistan, stop all'uso delle carceri segrete, agli interrogatori che generavano accuse di torture, e ai nuovi trasferimenti di prigionieri a Guantanamo, anche se la struttura cubana non è stata ancora chiusa. Questi erano gli aspetti della lotta al terrorismo di Bush che Obama aveva aspramente criticato in campagna elettorale, e ha mantenuto, almeno in parte, la promessa di cambiarli. Li ha sostituiti con una strategia alternativa, che finora ha suscitato meno polemiche e prodotto discreti risultati, complice anche il diverso clima geopolitico che si respira a livello mondiale. Ha potenziato il lavoro dell'Intelligence, le operazioni delle forze speciali come quella che ha ucciso Osama bin Laden, e soprattutto l'uso dei droni. Questi strumenti venivano adoperati anche dall'amministrazione Bush, ma il cambio di strategia è a dir poco palese nei numeri: fino al 2009, in Pakistan erano avvenuti 44 attacchi che avevano fatto circa 400 vittime; da allora ad oggi ce ne sono stati 240 e i morti nelle fila dei terroristi sono più che quadruplicati. I vantaggi sono evidenti: i droni non mettono a rischio la vita dei piloti alleati, ma hanno una precisione praticamente chirurgica nel colpire i bersagli, come ha dimostrato l'operazione lanciata a settembre 2011 contro Anwar al Awlaki.

E' interessante a tal proposito capire come funziona questa macchina anti-terrorismo che ha costruito l'amministrazione del 44° Presidente degli Stati Uniti. Possiamo partire da un numero, ovvero che la flotta è stata aumentata a 775 droni, divisi tra Predator, Reaper e altro, ed è comunque destinata ad aumentare. Negli Stati Uniti ci sono ufficialmente tre basi operative, una nella sede della Cia a Langley, una per il Pentagono a Fort Bragg, e la cabina di pilotaggio virtuale gestita dall'Air Force nel sudovest dell'America. Per consentire ai piccoli aerei senza pilota di raggiungere ogni angolo del mondo, sono state aperte sei basi all'estero: Turchia, Afghanistan, Pakistan, Etiopia, Gibuti e isole Seychelles. Oltre a questi Paesi, vengono sorvolati Iraq, Iran, Yemen, Libia, ma la lista potrebbe essere molto più lunga.

Anche l'Italia, secondo il «Wall Street Journal», ha chiesto droni armati, ma il Congresso americano ha frenato per paura di fughe di informazioni sulla tecnologia usata. Le operazioni vengono gestite dal Pentagono e dalla Cia, che su certi aspetti collaborano e su altri mantengono distinzioni. La copertura legale usata dai militari, per esempio, consente un uso più esteso dei droni. Entrambe le strutture hanno delle «kill list», ossia liste di obiettivi da eliminare, o mettere fuori uso, che si sovrappongono ma non sono di certo identiche.

Quella del Pentagono è decisamente più lunga, ma la Cia sta rapidamente aggiornando la sua. Obama ha approvato la strategia e definito le linee guida, e viene informato dei raid, ma le decisioni operative quotidiane vengono prese dai leader sul campo. L'Intelligence identifica i bersagli e quando li individua lancia gli attacchi. A volte i droni sono guidati dal Pentagono, altre volte dalla Cia. Nel caso di Awlaki, per esempio, la Cia ha preso il comando gestendo quattro droni forniti anche dai militari: due puntati sulla sua auto, uno che sorvolava la zona per evitare danni collaterali, e un quarto a disposizione per colpire. I collaboratori allora più stretti del presidente, come Hillary Clinton e Leon Panetta, erano molto favorevoli a questa strategia. L'unico dissidio c'è stato con l'ex zar dell'Intelligence Blair, che infatti ha lasciato l'incarico. Le organizzazioni per la difesa dei diritti umani da qualche tempo stanno alzando più la voce contro questa strategia, anche perché i droni, sebbene in rarissime occasioni, hanno ucciso pure cittadini civili o americani. Ma gli stessi parlamentari democratici sono molto restii a criticare Obama su questa guerra segreta, che sta tutt'ora rendendo la vita difficile ad Al Qaeda proprio in quei territori che fino a poco tempo fa erano delle vere e proprie roccaforti del terrorismo islamico.(50)

- **La lotta al terrorismo in Europa.**

Per tracciare un profilo approfondito ed esaustivo delle politiche di lotta ai fenomeni terroristici attuate all'interno dell'Unione Europea negli ultimi decenni, possiamo appoggiarci all'illuminante ed approfondita lettura fornitaci da Sara Balice del "Centro Studi per la Pace"51, che mediante un meticoloso lavoro di ricerca ha evidenziato alcuni dei punti chiave della lotta al terrorismo nel vecchio continente. Tale lavoro mette in risalto tre punti cruciali su cui poggia l'azione dell'UE contro il terrorismo internazionale, ovver il Trattato di Maastricht, il Trattato di Amsterdam e l'Attuazione delle Disposizioni dei Trattati riguardanti il terrorismo.

Il Trattato di Maastricht(52): Il 7 febbraio del 1992 viene sottoscritto a Maastricht il Trattato sull'Unione europea che trasforma la CEE in Comunità

50 Paolo Mastrolilli, *"Più droni e meno truppe, l'arma segreta di Obama"*, La Stampa, Torino, 2011

51 Sara Balice, *"La lotta al terrorismo nell'Unione Europea"*, Centro Studi per la Pace, Marzo 2003

europea (CE), sottolineando e difinendo gli aspetti politico-sociali dell'integrazione, e le affianca due nuove forme di cooperazione, denominate tradizionalmente il "Secondo" e il "Terzo pilastro" dell'Unione. Si tratta della Politica estera e di sicurezza comune (comunemente definita PESC) e della Cooperazione nel settore della Giustizia e degli Affari interni (la CGAI). Con il Trattato di Maastricht, che entrerà in vigore nel novembre del 1993, i partners europei decidono, quindi, di estendere la loro integrazione, sviluppando una cooperazione in settori storicamente considerati come soggetti all'esclusiva sovranità nazionale. Come primo passo di fronte ai contrasti tra i Paesi membri, si decise di regolamentare tali materie al di fuori dei meccanismi comunitari in senso stretto, caratterizzati dalla presenza di un controllo giurisdizionale, dalla possibilità di emanare atti vincolanti anche a maggioranza e dalla presenza delle istituzioni comunitarie nel processo decisionale. Il Secondo ed il Terzo pilastro furono concepiti come una via intermedia tra la collaborazione intergovernativa classica, sviluppatasi fino ad allora, e sottoposta solo alle regole del diritto internazionale ed il quadro istituzionale comunitario, caratterizzato da procedure legislative e giudiziarie molto avanzate.

La lotta al terrorismo si inquadra nel Terzo Pilastro dell'Unione europea, essendo stata esplicitamente richiamata all'art. K 1 del Trattato di Maastricht ed essendo, attualmente, contenuta nell'art.29 del Trattato di Amsterdam sull'Unione europea. Altresì, il terrorismo internazionale tocca in modo significativo ed invadente anche la politica estera e di sicurezza comune, così come dimostrato dai recenti interventi comunitari nel settore, in seguito agli attacchi dell'11 settembre, per i quali sono state adoperate, come base giuridica, norme contenute nel secondo come nel terzo pilastro. E', quindi, necessario tenere presenti gli strumenti a disposizione sia del Terzo Pilastro dell'Unione che della PESC per poter capire come l'Unione sia intervenuta o possa intervenire in questo settore. Per quel che riguarda il Terzo pilastro dell'Unione europea, il Trattato di Maastricht si proponeva di istituzionalizzare e di sviluppare una cooperazione nel settore della giustizia e degli affari interni, regolamentando quella rete di comitati, gruppi di lavoro informali e contatti che fino ad allora si erano sviluppati al di fuori di qualsiasi cornice giuridica e di un controllo democratico da parte dei parlamenti nazionali e delle istituzioni comunitarie. Per raggiungere «l'obiettivo di agevolare la libera circolazione

---

52 Il Trattato di Maastricht, o Il Trattato dell'Unione Europea, è un trattato che è stato firmato il 7 Febbraio 1992 a Maastricht, sulle rive della Mosa, dai dodici Paesi membri dell'allora Comunità Europea, oggi Unione Europea, che fissa le regole politiche ed i parametri economici necessari per l'ingresso dei vari Stati aderenti alla suddetta Unione. E' entrato in vigore il 1 Novembre 1993.

delle persone garantendo nel contempo la sicurezza dei loro popoli» la cooperazione del Terzo pilastro doveva riguardare nove settori specifici, considerati di «interesse comune», tra i quali "...la cooperazione di polizia ai fini della prevenzione e della lotta contro il terrorismo" (art. K 1). Il Trattato di Maastricht regolamentava la cooperazione nei suddetti settori in maniera differente rispetto al sistema comunitario. Il ruolo più importante era riconosciuto al Consiglio, il quale riuniva periodicamente i ministri competenti sotto la denominazione di Consiglio Giustizia e Affari interni. Spettava al Consiglio l'adozione di posizioni comuni e azioni comuni, nonché l'elaborazione di convenzioni di cui raccomandare l'adozione da parte degli Stati membri (art.K3). Gli atti che potevano essere adottati in questo settore, si caratterizzavano, in realtà, per una estrema vaghezza. Le azioni comuni e le posizioni comuni non erano definite, né erano specificati i loro effetti giuridici, di modo che in realtà apparivano incerti i poteri del Consiglio. Di conseguenza, non era chiaro ciò che gli Stati potevano fare, oltre a informarsi e consultarsi reciprocamente e coordinare la propria azione. Le convenzioni internazionali, d'altro canto, per essere in vigore, devono essere sottoscritte da tutti gli Stati membri, condizione alquanto complicata da realizzare.

Le altre istituzioni comunitarie si caratterizzavano per un ruolo come minimo di secondo piano nel Terzo pilastro. Alla Commissione, pur formalmente associata ai lavori, era riconosciuto un limitato diritto di iniziativa ed il compito di informare il Parlamento europeo. Quest'ultimo, dal canto suo, ricopriva un ruolo fortemente ridimensionato, limitandosi a discutere e a fare interrogazioni, senza poter incidere sulla linea d'azione da seguire. Le attività frutto della CGAI non potevano ledere le competenze comunitarie ed erano altresì sottratte esplicitamente al controllo giurisdizionale della Corte di giustizia comunitaria. Era inoltre previsto, al fine di salvaguardare il sistema-Schengen, che la cooperazione nel Terzo pilastro non impedisse l'instaurazione di una collaborazione più stretta tra alcuni degli Stati membri. Per quanto riguarda il Secondo Pilastro, il Trattato di Maastricht elencava, all'articolo J.1 paragrafo 2, cinque obiettivi (sostanzialmente immutati dopo il Trattato di Amsterdam):

a) difesa dei valori comuni, degli interessi fondamentali e dell'indipendenza dell'Unione;
b) rafforzamento della sicurezza dell'Unione e dei suoi Stati membri;
c) mantenimento della pace e rafforzamento della sicurezza internazionale conformemente ai principi della Carta delle Nazioni Unite, nonché ai principi dell'Atto Finale di Helsinki e agli obiettivi della Carta di Parigi;

44

d) promozione della cooperazione internazionale;
e) sviluppo e consolidamento della democrazia e dello Stato di diritto, nonché
rispetto dei diritti umani e delle libertà fondamentali.

Si tratta di obiettivi molto generici e non perfettamente delineati, che coprono in definitiva tutto l'ambito delle relazioni internazionali. Gli strumenti a disposizione dell'Unione per realizzare tali obiettivi erano la «cooperazione sistematica» e le «azioni comuni». La «cooperazione sistematica» era disciplinata dall'articolo J.2, che prevedeva l'obbligo degli Stati membri di informarsi reciprocamente e di concertare le loro posizioni in sede di Consiglio in merito a «qualsiasi questione» di politica estera e di sicurezza di interesse generale. In secondo luogo, il Consiglio poteva definire, qualora lo avesse ritenuto necessario, una «posizione comune» (presa all'unanimità), cui le politiche nazionali degli Stati membri dovevano essere conformi.

Gli Stati membri, infine, devono coordinare la propria azione nelle Organizzazioni e nelle Conferenze Internazionali, difendendo le linee comuni, anche se non tutti vi prendevano parte. L'altro strumento operativo della PESC era l'azione comune, decisa nei settori in cui gli Stati membri avessero interessi rilevanti, per definire la posizione dell'Unione rispetto ad una questione specifica. L'articolo J.3 prevedeva che, dopo la definizione degli orientamenti generali da parte del Consiglio Europeo, il Consiglio dell'Unione stabilisse quali questioni dovevano formare oggetto di una «azione comune». E, di conseguenza, ne fissava «la portata precisa, gli obiettivi generali e particolari ... i mezzi, le procedure, le condizioni e, se necessario, la durata». Le «azioni comuni» erano decise dal Consiglio all'unanimità. Le «azioni comuni» adottate in tema di PESC, talvolta anche a maggioranza, e le «posizioni comuni» vincolavano, seppure in modo differente, il singolo Stato nell'attuazione della politica estera nazionale. La PESC, pur se inserita nel Trattato di Maastricht come parte fondamentale dell'Unione Europea, restava ancora sostanzialmente affidata al metodo intergovernativo, pur se integrato dalla previsione di taluni compiti a carico di istituzioni comunitarie. La Commissione ed il Parlamento Europeo, organi comunitari per eccellenza, a causa del carattere intergovernativo che definisce la PESC, finivano per ricoprire un ruolo secondario. La dimensione della sicurezza comune europea veniva accennata nell'articolo J.4 del Trattato sull'Unione europea, in cui si affermava che la PESC comprendeva ogni questione relativa alla sicurezza dell'UE, compresa la definizione «a termine» di una politica di difesa comune, «che potrebbe successivamente condurre ad una difesa comune».

E' evidente come il tema della difesa venisse trattato quantomeno con maggiore cautela rispetto alla politica estera ed infatti, al paragrafo 3, era specificato che le questioni aventi implicazioni nel settore della difesa «non» erano soggette alle procedure previste per le «azioni comuni». Alla sicurezza, quindi, non poteva applicarsi in nessun caso il voto a maggioranza, né potevano mai esservi decisioni vincolanti. In questo modo la politica di difesa veniva ricompresa nel Trattato, ma con una forte carica di indeterminatezza.

- *Il Trattato di Amsterdam(53):* Questo Trattato entrato in vigore il 1° maggio 1999, contiene, tra gli obiettivi principali, quello di «conservare e sviluppare l'Unione quale spazio di libertà, sicurezza e giustizia, in cui sia assicurata la libera circolazione delle persone insieme a misure appropriate per quanto concerne i controlli alla frontiera esterne, l'asilo, l'immigrazione, la prevenzione della criminalità e la lotta contro quest'ultima».

Questa affermazione, tratta dall'articolo 2 del Trattato sull'UE così come modificato ad Amsterdam, racchiude lo scopo che ha guidato i governanti europei verso una nuova tappa dell'integrazione. Il Terzo Pilastro, con il trasferimento della materia dei visti, asilo ed immigrazione nel Trattato della Comunità europea (nuovo titolo IV), perde la denominazione GAI (giustizia e affari interni) e diventa "cooperazione di polizia e giudiziaria in materia penale", limitata, quindi, alla lotta alla criminalità. L'articolo 29 dispone che «l'obiettivo che l'Unione si prefigge è fornire ai cittadini un livello elevato di sicurezza in uno spazio di libertà, sicurezza e giustizia, sviluppando tra gli Stati membri un'azione in comune nel settore della cooperazione di polizia e giudiziaria in materia penale e prevenendo e reprimendo il razzismo e la xenofobia». Il piano d'azione è arricchito dalla previsione esplicita della lotta alla criminalità e al terrorismo, oltre alla cooperazione in altri settori quali la tratta degli esseri umani, i reati contro i minori ecc. Gli articoli 30 e 31 descrivono in modo particolareggiato il modello di «azione comune» da sviluppare per la cooperazione di polizia e per quella giudiziaria in materia penale.

Per quanto riguarda il primo settore, oltre ad una cooperazione operativa nella prevenzione dei crimini, sono previsti un fitto scambio di informazioni e iniziative comuni in settori quali la formazione o la ricerca in campo

---

53 Il Trattato di Amsterdam è uno dei trattati fondamentali dell'Unione Europea, ed è il primo tentativo di riformare le istituzioni europee in vista dell'allargamento. Venne firmato il 2 Ottobre 1997 dagli allora 15 paesi membri dell'Unione Europea ed è entrato in vigore il 1 Maggio 1999.

criminologico, ma soprattutto vi è il riconoscimento della struttura Europol come principale strumento di tale collaborazione operativa, affidando al Consiglio il compito di garantire a questa struttura gli strumenti adeguati al suo ruolo. La cooperazione giudiziaria in materia penale viene invece perseguita facilitando sia la cooperazione tra ministeri ed autorità giudiziarie sia le procedure per l'estradizione e le iniziative per uniformare i sistemi normativi, al fine di evitare conflitti di giurisdizione e di realizzare un'armonizzazione della nozione di reato e di sanzione. Gli Stati membri si informano e consultano regolarmente in seno al Consiglio, che può emanare atti giuridici (posizioni comuni, decisioni-quadro, decisioni, convenzioni).

Il Titolo VI, comunque, non interferisce in alcun modo con le responsabilità degli Stati per il mantenimento dell'ordine pubblico e della sicurezza interna. La terza importante innovazione introdotta con il Trattato di Amsterdam nel settore della giustizia e degli affari interni è rappresentata dall'incorporazione del sistema-Schengen nella cornice comunitaria, come elemento fondante dello «spazio di libertà, sicurezza e giustizia» che si vuole realizzare. Per quanto riguarda il ruolo delle Istituzioni nel nuovo Terzo Pilastro dell'Unione, resta centrale il ruolo del Consiglio, composto da tutti gli Stati membri. È il Consiglio ad adottare gli atti normativi (articolo 34) e a deliberare il passaggio di una materia dal Terzo al Primo pilastro (art. 42, norma passerella). Alla Commissione, che è «pienamente associata ai lavori», spetta anche un potere di iniziativa nella proposizione degli atti normativi, potere che condivide con gli Stati membri. Gli Stati, più che le istituzioni, sono il «motore» della cooperazione. Un ruolo maggiormente significativo rispetto al passato è riconosciuto al Parlamento europeo: questo, infatti, non solo mantiene il potere di rivolgere al Consiglio interrogazioni e raccomandazioni e di svolgere un dibattito annuale generale sul tema, ma soprattutto si vede riconosciuto un potere generale di esprimere un parere consultivo per l'adozione delle decisioni e delle convenzioni emanate dal Consiglio (articolo 39).

Secondo l'articolo 34, sono adottabili quattro tipi di norme: le posizioni comuni, che "definiscono l'orientamento dell'Unione in merito ad una questione specifica"; le decisioniquadro di armonizzazione, vincolanti per quel che concerne il risultato ma che lasciano gli Stati liberi quanto alla forma ed ai mezzi con cui raggiungerlo (atti simili alle direttive comunitarie, ma espressamente dichiarati privi di effetti diretti, cioè non efficaci in mancanza delle pertinenti disposizioni nazionali di attuazione); le decisioni vincolanti, senza efficacia diretta, coerenti con gli obiettivi del Trattato, ma non comportanti un riavvicinamento delle legislazioni; e, infine, le convenzioni internazionali, di cui il Consiglio raccomanda l'adozione e che, a differenza del passato, se ratificate dalla maggioranza assoluta dei membri, entrano in vigore nei loro rapporti reciproci, senza dover aspettare la ratifica da parte di tutti gli Stati. Nel nuovo terzo Pilastro, viene individuata anche la competenza della Corte di Giustizia delle Comunità europee a "pronunciarsi in via pregiudiziale sulla validità o l'interpretazione delle decisioni-quadro e delle decisioni, sull'interpretazione delle convenzioni e sulla validità ed interpretazione degli atti di applicazione" (art. 35 TUE). Tale competenza non è automatica, ma occorre una specifica dichiarazione effettuata in tal senso dagli Stati membri.

Alla Corte, in secondo luogo, è affidato una sorta di controllo di legittimità sulle decisioni-quadro e le decisioni che, similmente a quanto previsto all'articolo 230 del Trattato comunitario, sollevino le perplessità di uno Stato membro o della Commissione, per «incompetenza, violazione delle forme sostanziali, violazione del Trattato... o sviamento di potere». La Corte è, infine, anche competente a dirimere le controversie tra gli stessi Stati membri e tra Stati membri e Commissione, concernenti l'interpretazione o l'applicazione degli atti previsti dall'articolo 34. Per quanto riguarda il Secondo Pilastro, l'articolo 11 conferma sostanzialmente gli stessi obiettivi, in materia di PESC, fissati a Maastricht, con un accenno relativo anche alla difesa dell'«integrità» dell'Unione. E' anche disposto che gli Stati membri opereranno congiuntamente al fine di rafforzare e sviluppare la loro reciproca «solidarietà politica». Il successivo articolo 12 definisce gli strumenti di cui l'Unione dispone. È il Consiglio dell'Unione, sulla base dei principi ed orientamenti generali forniti dal Consiglio Europeo, che prende le decisioni necessarie per attuare la PESC, garantendo l'unità la coerenza e l'efficacia all'azione dell'Unione. Accanto alle azioni comuni, alle posizioni comuni ed alla cooperazione sistematica, viene previsto un ulteriore strumento, denominato «strategia comune».

L'articolo 13 descrive tale nuovo strumento, chiarendo che le strategie comuni, adottate dal Consiglio Europeo anche su raccomandazione del Consiglio dell'Unione, sono attuate dal medesimo Consiglio. Le strategie comuni precisano i loro obiettivi, la durata e i mezzi di cui disporre, e possono essere decise in quei settori in cui gli Stati membri hanno «importanti interessi comuni». Il Consiglio le può sviluppare attraverso l'adozione di azioni comuni e posizioni comuni, di cui gli articoli 14 e 15 offrono anche una definizione, che nel Trattato di Maastricht mancava. Una «azione comune» è decisa per «specifiche situazioni» in cui sia necessario un intervento «operativo» dell'Unione. L'azione comune è vincolante per gli Stati membri, a carico dei quali sussiste anche un obbligo di informazione preliminare, al momento di dare attuazione all'azione, onde cercare la concertazione all'interno del Consiglio dell'Unione. La «posizione comune» è definita come «l'approccio dell'Unione su una questione particolare», di natura geografica o tematica. Così come previsto a Maastricht, gli Stati hanno l'obbligo di rendere conformi le loro politiche nazionali alle posizionicomuni. L'articolo 18, oltre a ribadire il ruolo di rappresentanza della Presidenza di turno e la piena «associazione» della Commissione nei compiti di rappresentanza ed esecutivi, presenta alcune significative novità. In particolare, viene prevista l'attribuzione al Segretario Generale del Consiglio delle funzioni di «Alto Rappresentante per la politica estera e di sicurezza comune», incaricato di assistere la Presidenza di turno ed il Consiglio. Questa disposizione rappresenta un'assoluta novità, una delle poche contenute nel Trattato. Il Segretario Generale, incarico di grande responsabilità a livello burocratico, dovrà quindi anche assumersi l'onere di rappresentare l'Unione in politica estera. Il "Signor PESC", oltre ad assistere il Consiglio in ambito PESC (articolo 26), avrà anche la responsabilità della neoistituita «cellula di programmazione politica e tempestivo allarme», composta da personale del Segretariato Generale, degli Stati membri, della Commissione e dell'UEO.

La cellula di programmazione dovrà: a) sorvegliare ed analizzare gli sviluppi nei settori rientranti nella PESC; b) fornire valutazioni degli interessi dell'Unione nel campo della PESC e individuare settori di eventuale futuro intervento della PESC; c) fornire tempestive valutazioni e dare per tempo l'allarme circa eventi riguardanti la PESC, comprese le possibili crisi politiche; d) redigere documenti, su richiesta del Consiglio, della Presidenza o anche autonomamente, contenenti opzioni politiche motivate come contributo alla definizione di politiche in sede di Consiglio. La sicurezza e la difesa sono disciplinate dall'articolo 17 del Trattato di Amsterdam. Già l'articolo 13 prevede che spetta al Consiglio Europeo definire i principi e gli ordinamenti generali anche per le questioni aventi implicazioni «in materia di difesa». Ad Amsterdam la difesa comune è stata considerata come «obiettivo finale» di una politica di sicurezza da definire «progressivamente». La difesa comune viene considerata come una possibilità, non come un obbligo, e potrà essere realizzata solo in base ad una decisione del Consiglio Europeo. Non è stata fissata alcuna scadenza, stabilendo solo di rimettere ogni decisione all'organo di vertice, massimo rappresentante delle istanze governative.

Al Consiglio Europeo spetterà anche di decidere, discrezionalmente, l'«eventuale integrazione» dell'Unione dell'Europa Occidentale nell'UE. Tra le «questioni relative alla sicurezza dell'Unione» sono anche comprese le attività di mantenimento della pace e di gestione delle crisi attraverso unità di combattimento con il compito di ristabilire la pace, le missioni umanitarie e di soccorso (paragrafo 2). L'identità di sicurezza e di difesa dell'Unione viene così, almeno in parte, definita, ma, non disponendo di proprie forze armate, sarà necessario avvalersi dell'UEO per «elaborare ed attuare» le decisioni e l'azione dell'Unione aventi implicazioni nel settore della difesa. Anche in questo settore spetterà al Consiglio Europeo fornire gli orientamenti generali. Tutti gli Stati membri hanno (paragrafo 3) il «diritto» di partecipare alle azioni che saranno sviluppate dall'UEO, ma anche in questo caso è specificata espressamente la libertà, per chi lo vuole, di agire in ambito NATO. In definitiva, ad Amsterdam non è stata compiuta alcuna scelta di fondo in materia di sicurezza comune e di difesa, tanto che il paragrafo 4 prevede che due o più Stati possano dare vita a forme di cooperazione rafforzata all'interno dell'UEO o della NATO.

– *Attuazione delle disposizioni dei trattati riguardanti il terrorismo:* I primi interventi dell'Unione nella lotta al terrorismo, realizzati nella vigenza del trattato di Maastricht, si sono inseriti nell'ambito della cooperazione di polizia e giudiziaria e quindi, in linea con quanto previsto dal Trattato stesso, nel Terzo Pilastro. Per quanto riguarda la cooperazione di polizia, è da ricordare innanzitutto la Convenzione, siglata a Bruxelles il 26 luglio 1995, tra i rappresentanti dei quindici Stati dell'Unione europea, che istituisce un ufficio europeo di polizia (GUCE C 316 del 27.11.1995, pag.1): l'Europol. Quest'ultimo si è formalmente costituito a decorrere dal 1° ottobre 1998 ed ha incorporato la vecchia struttura denominata Edu-Europol, nata all'indomani del Trattato di Maastricht. Scopo dell'Europol è di sviluppare la cooperazione di polizia mediante la prevenzione e la lotta al crimine organizzato attraverso la raccolta, la conservazione, l'elaborazione e lo scambio di informazioni, comprese quelle inerenti operazioni finanziarie sospette. Con la Convenzione di Bruxelles, le competenze di tipo informativo del vecchio Edu-Europol (concernenti traffici di stupefacenti, sostanze nucleari, immigrazione clandestina, ecc.) sono state ampliate ad altre forme di reato quali quelli contro la vita, l'integrità fisica e la libertà. L'Europol è rivolta esclusivamente agli Stati membri dell'Unione europea, è un'organizzazione a competenza specifica e non si interessa di tutti i reati ma solo di ben determinate forme di criminalità che interessano almeno due Stati dell'UE (attività basilare dell'Europol è lo scambio informativo tra le varie forze di polizia europee e la costruzione di un archivio computerizzato dei dati acquisiti. I dati trattati sono informazioni di polizia e sono disponibili solo per le forze di polizia. Il sistema Europol prevede un'unità centrale, con sede all'Aja, collegata con le unità nazionali tante quanti sono gli Stati membri dell'Unione europea.).

Con la decisione del 3 dicembre 1998 (GUCE C 26 del 30.01.1999, pag. 22), il Consiglio ha autorizzato l'Europol "ad occuparsi dei reati commessi o che possono essere commessi nell'ambito di attività terroristiche che si configurano in reati contro la vita, l'incolumità fisica, la libertà delle persone e i beni", in applicazione del paragrafo 2 dell'articolo 2 della Convenzione. Altro intervento nel settore della cooperazione di polizia è stata l'azione comune del 15 ottobre 1996, 96/610/GAI (GUCE L 273 del 25.10.1996, pag. 1), che - considerando che i servizi antiterrorismo nazionali avevano sviluppato competenze, capacità e conoscenze specialistiche in settori diversi, che avrebbero dovuto in linea di massima essere disponibili per tutti i servizi pertinenti di tutti gli altri Stati membri su richiesta, se e quando ne avessero ravvisato la necessità - ha stabilito l'istituzione e l'aggiornamento costante di un repertorio di competenze, capacità e conoscenze specialistiche per facilitare la cooperazione fra gli Stati membri dell'Unione europea nella lotta al terrorismo.

Per quanto riguarda la cooperazione giudiziaria in materia penale, i primi strumenti giuridici importanti sono: la convenzione relativa alla procedura semplificata di estradizione tra gli Stati membri dell'Unione europea (GUCE C 78 del 30.03.1995, pag. 1) (10 marzo 1995) e la convenzione relativa all'estradizione (GUCE C 313 del 23.10.1996, pag. 11) (27 settembre 1996), il cui articolo 1 stabilisce che uno dei fini della convenzione è facilitare l'applicazione da parte degli Stati membri della Convenzione europea sulla repressione del terrorismo (Strasburgo, 1977). Inoltre, l'azione comune 98/733/GAI del 21 dicembre 1998 (GUCE L 351 del 29.12.1998, pag. 1) , relativa alla punibilità della partecipazione a un'organizzazione criminale negli Stati membri dell'Unione europea - che sancisce l'impegno degli Stati membri ad assicurare che le sanzioni nei confronti dei criminali siano effettive, proporzionate e dissuasive - affronta il problema dei reati terroristici al paragrafo 2 dell'articolo 2 e sancisce il dovere di assistenza da parte degli Stati per il perseguimento di questi crimini. Importante è anche l'azione comune 98/428/GAI (GUCE L 191 del 7.7.1998, pag. 4) del Consiglio del 29 giugno 1998 che istituisce la Rete giudiziaria europea, un organo di contatto per lo scambio di informazioni, composto da autorità centrali responsabili della cooperazione giudiziaria internazionale, delle autorità giudiziarie o di altre autorità competenti con responsabilità specifiche nell'ambito della cooperazione internazionale, sia in generale sia per alcune forme gravi di criminalità, quali la criminalità organizzata, la corruzione, il traffico di stupefacenti o il terrorismo (articolo 2).

Contestualmente a questi ultimi interventi, il 3 dicembre 1998, il Consiglio e la Commissione, sulla base del mandato ricevuto dal Consiglio europeo di Cardiff del 15 e 16 giugno 1998, elaborarono un piano d'azione (GUCE C del 23.1.1999, pag. 1) sul modo migliore per attuare le disposizioni del trattato di Amsterdam concernenti uno spazio di libertà, sicurezza e giustizia, in vista della sua ormai prossima entrata in vigore. Tale piano d'azione, per quanto riguarda il problema del terrorismo, ha previsto il rafforzamento dell'Europol, della rete giudiziaria europea e della cooperazione di polizia e giudiziaria in materia penale, anche attraverso la semplificazione delle procedure e l'adozione di misure minime relative alle sanzioni e agli elementi costitutivi dei reati connessi al terrorismo.

Nei Consigli europei successivi all'entrata in vigore di Amsterdam, si è discusso soprattutto in merito alle innovazioni apportate nel Secondo e Terzo Pilastro dell'Unione europea. Nel Consiglio europeo di Colonia del 3 e 4 giugno 1999, è stata adottata la Dichiarazione sul rafforzamento della politica comune sulla sicurezza e difesa (All. III alle conclusioni della Presidenza), mentre già nel settembre 1998, al Consiglio europeo informale di Portschach, si decise di dedicare il Consiglio europeo di Tampere, del 15 e 16 ottobre 1999, al Terzo Pilastro dell'Unione europea, nel quadro delle importanti innovazioni apportate in questo campo dal trattato di Amsterdam. Nel Consiglio di Tampere, che rappresenta un momento fondamentale per la definizione dei nuovi interventi nell'ambito della cooperazione di polizia e giudiziaria in materia penale, è stato ricordato il problema del terrorismo nella parte dedicata al potenziamento della cooperazione contro la criminalità (Parte C, sez. IX delle conclusioni).

Oltre al rafforzamento del ruolo dell'Europol, veniva individuato un ulteriore strumento di cooperazione, questa volta in materia giudiziaria, nell'Eurojust, unità composta di pubblici ministeri, magistrati o funzionari di polizia di pari competenza con il compito di "agevolare il buon coordinamento tra le autorità nazionali responsabili dell'azione penale, di prestare assistenza nelle indagini riguardanti i casi di criminalità organizzata, in particolare sulla base dell'analisi dell'Europol, e di cooperare strettamente con la rete giudiziaria europea". Tuttavia, in assenza di una definizione di reato terroristico, il ruolo di Eujust ed

Europol in tale settore rimaneva limitato, se si considera che solo sei Stati membri hanno una legislazione specifica per questo crimine. Sempre a Tampere si auspicava l'abolizione delle tradizionali procedure di estradizione fra gli Stati membri e l'istituzione di un mandato di arresto europeo. Successivamente all'entrata in vigore del Trattato di Amsterdam e al Consiglio di Tampere, è stata adottata la raccomandazione del Consiglio, del 9 dicembre 1999, sulla cooperazione nella lotta contro il finanziamento dei gruppi terroristici (GUCE C 373 del 23.12.1999, p.1).

Nell'ambito della politica estera e di sicurezza comune, in attuazione delle misure indicate nella risoluzione ONU del 15 ottobre 1999 n. 1267(1999) contro la fazione afghana nota con il nome di Taliban, fu adottata la posizione comune 1999/727/PESC (GUCE L 294 del 16.11.1999, p.1), riguardante il divieto dei voli effettuati da vettori detenuti, noleggiati o operati dai Taliban, nonché il congelamento dei fondi e delle altre risorse finanziarie detenuti all'estero dai Taliban. Tale posizione comune è stata successivamente modificata dalla posizione comune 2001/154/PESC (GUCE L 57 del 27.2.2001, p.1) , in seguito alla modifica operata dalla risoluzione ONU 1333(2000), che ha introdotto ulteriori restrizioni nel settore militare nei confronti dei Taliban oltre a restrizioni specifiche dirette contro Osama Bin Laden. Ulteriori marginali modifiche alle due posizioni comuni sono state introdotte con la posizione comune 2001/771/PESC (GUCE L 289 del 6.11.2001, p.36). Una forte spinta verso una lotta più incisiva al terrorismo è stata data, successivamente, dai tragici eventi di New York, dell'11 Settembre 2001."

- **La risposta dell'Europa all'11 Settembre.**

Gli attacchi terroristici dell'11 settembre costituiscono un momento di svolta, dopo il quale la percezione del pericolo terroristico è radicalmente cambiata in tutti i Paesi occidentali, ed anche i paesi europei iniziano ad interrogarsi su come reagire efficamente a tale minaccia. La comunità internazionale ha preso coscienza di un problema gravissimo che, per il suo modo di manifestarsi in maniera imprevedibile, richiede un agire congiunto ed uno sforzo comune costante. Con la Risoluzione 1368 (2001) del 12 settembre, il Consiglio di Sicurezza dell'ONU sollecitava la comunità internazionale a moltiplicare gli sforzi volti a impedire e a reprimere gli atti terroristici. L'Unione europea ha iniziato, con non poche difficoltà, a parlare con una voce unica insieme alle

Nazioni Unite, alla NATO e agli Stati Uniti. Nello stesso tempo, ha iniziato un cammino lungo e difficile a causa della mancanza di un'identità forte e definita in politica estera e degli scarsissimi mezzi, e delle irrisorie infrastrutture, a disposizione in materia di cooperazione giudiziaria, di intelligence e di polizia.

Nella ormai nota Dichiarazione congiunta dei Capi di Stato e di Governo dell'Unione europea, del Presidente del Parlamento europeo, del Presidente della Commissione europea e dell'alto Rappresentante per la Politica estera e di Sicurezza comune del 14 settembre 2001, si afferma quanto segue: "I tragici eventi ci obbligano a prendere decisioni urgenti sui modi in cui l'Unione europea risponderà alle seguenti sfide: essa deve impegnarsi con ogni mezzo a difendere la giustizia e la democrazia mondiali, a promuovere un modello internazionale di sicurezza e prosperità per tutti i paesi e a contribuire all'emergere di un'azione globale, ferma e prolungata contro il terrorismo. Continueremo a sviluppare la politica estera e di sicurezza comune affinché l'Unione possa veramente parlare in modo chiaro e univoco.(...) L'Unione europea accelererà l'attuazione di una vera e propria area di giustizia europea, la quale implicherà tra l'altro l'istituzione di un mandato di arresto ed estradizione europeo, in conformità con le conclusioni del Consiglio di Tampere e il reciproco riconoscimento di decisioni e verdetti giudiziari.54"
Il 21 settembre 2001, si riunì in sessione straordinaria in quel di Bruxelles, il Consiglio europeo per "analizzare la situazione internazionale in seguito agli attacchi terroristici sferrati negli Stati Uniti e imprimere l'impulso necessario all'azione dell'Unione europea" (Conclusioni e Piano di Azione del Coniglio europeo straordinario del 21 settembre 2001 ampliamento della direttiva sul riciclaggio di denaro e la decisione quadro sul sequestro dei beni. Chiede agli Stati membri di firmare e ratificare urgentemente la convenzione delle Nazioni Unite sulla repressione del finanziamento del terrorismo."). Il Consiglio europeo decise che la lotta al terrorismo avrebbe costituito da quel momentomun obiettivo prioritario per l'Unione europea. In sintesi, il Piano d'azione deciso a Bruxelles prevedeva i seguenti punti:

- *Rinforzare la cooperazione giudiziaria e di polizia:* in particolare, conformemente alle conclusioni di Tampere, il Consiglio europeo si mostrava d'accordo sull'istituzione dell'ordine di arresto europeo (in sostituzione del vigente sistema di estradizione tra Stati membri) nonché sull'adozione di una definizione comune di terrorismo. Il Consiglio europeo incaricava il Consiglio

---

54 cfr. "11 settembre - La risposta dell'Europa", Dossier Europa, n. speciale dicembre 2001, p. 41

"Giustizia e affari interni" di definire tale accordo e di stabilirne urgentemente, e al più tardi entro la sessione del 6 e 7 dicembre 2001, le modalità. Il Consiglio europeo incaricava inoltre il Consiglio "Giustizia e affari interni" di attuare quanto prima il pacchetto di misure decise nel Consiglio europeo di Tampere. Inoltre, si auspicava che al più presto il Consiglio "Giustizia e affari interni" procedesse all'identificazione dei presunti terroristi in Europa per compilare un elenco comune delle organizzazioni terroristiche, anche attraverso uno scambio sistematico di dati con l'Europol e l'Interpol nell'ambito del quale, fra l'altro si prevedeva di istituire una squadra di specialisti nella lotta al terrorismo che avrebbe collaborato con una squadra statunitentse addetta alle stesse funzioni.

- Sviluppare gli strumenti giuridici internazionali: il Consiglio europeo invitava ad attuare quanto prima tutte le convenzioni internazionali esistenti in materia di lotta antiterrorismo (ONU, OCSE, ecc.), e di sviluppare una carta comune che ponesse al centro delle responsabilità in materia giuridica il Tribunale Internazionale dell'Aia (che ha sede presso l'omonima città nei Paesi Bassi).

- Contrastare il finanziamento del terrorismo: il Consiglio europeo chiedeva al Consiglio Ecofin(55) e al Consiglio Giustizia e Affari Interni di "adottare in un arco di tempo breve, le misure necessarie per combattere qualsiasi forma e modalità di finanziamento delle attività terroristiche e simili."

- Rafforzare in modo sinergico la sicurezza aerea: al Consiglio "Trasporti" veniva affidato il compito di adottare le misure necessarie volte a rafforzare la sicurezza dei trasporti aerei, attraverso la classificazione delle armi, la formazione tecnica degli equipaggi di terra e di bordo, il controllo dei bagagli alla registrazione e successivamente, la protezione dell'accessibilità alla cabina di pilotaggio, il controllo qualitativo delle misure di sicurezza applicate dagli Stati membri.

- Coordinare l'azione globale dell'Unione europea: il Consiglio europeo incaricava il Consiglio "Affari generali" di svolgere un ruolo di coordinamento e di impulso in materia di lotta contro il terrorismo. Si prevedeva, inoltre, che la politica estera e di sicurezza comune avrebbe integrato maggiormente la lotta contro il terrorismo. Con la risoluzione 1373 (2001), adottata dal Consiglio di

---

55 Con tale termine si indica il Consiglio Economia e Finanza, che in ambito dell'Unione Europea rappresenta una delle formazioni in cui si riunisce il Consiglio dell'Unione Europea. In tale formazione il Consiglio è composto dai Ministri dell'Economia e delle Finanze degli Stati membri, ed eventualmente dai Ministri del Bilancio.

Sicurezza dell'ONU il 28 settembre 2001, venivano decise una serie di misure al fine di creare fra gli Stati membri una rete di cooperazione per combattere il terrorismo. La risoluzione stabilisce innanzitutto che tutti gli Stati devono impegnarsi a impedire e reprimere il finanziamento di atti terroristici, attraverso la criminalizzazione della raccolta dei fondi a tale scopo e il congelamento dei beni di persone appartenenti a gruppi terroristici. In secondo luogo, gli Stati devono impedire in ogni modo il compimento di atti terroristici, negando asilo e sostegno alle persone coinvolte in atti terroristici, assicurando alla giustizia chiunque contribuisca alla commissione di tali atti, intensificando l'attività investigativa e i controlli alle frontiere. Infine, gli Stati devono trovare il modo per intensificare la cooperazione e lo scambio di informazioni(56). In adempimento a tale risoluzione ed in ottemperanza al Piano d'azione deciso a Bruxelles, l'Unione europea ha intrapreso una serie di misure volte a rafforzare anche in ambito europeo la lotta al terrorismo e che si presentano come assolutamente nuove per l'Unione stessa."

---

56 Per approfondimenti in materia cfr.: L. Condorelli, "Les attentats du 11 septembre et leurs suites: où va le droit international?", Revue Générale de Droit International Public, Tome 105/2001/4, p. 829; AA.VV. "Editorial comments", American Journal of Intrantional Law, Ocotber 2001, Vol. 95 n.4, p.833

CONCLUSIONI.

Sulla base di quanto proposto, proviamo a tracciare un quadro di ipotesi per contrastare il terrorismo negli anni a venire. A nostro avviso, le linee guida poggiano (o dovrebbero poggiare):

- su un coordinamento intenso e capillare delle istituzioni. Parliamo di un coordinamento su scala mondiale, in cui giocherebbero un ruolo importantissimo le organizzazioni internazionali come l'Onu, la Nato e l'Unione Europea, ma anche i governi delle democrazie mondiali, le forze di polizia come l'Interpol e le agenzie di Counter Terrorism, ed infine la società civile, spesso messa ai margini nell'ambito della lotta al terrore. Si evince facilmente che il lavoro che attende queste istituzioni sociali, ruota intorno a un lavoro sinergico, olistico, volto a limitare i punti critici, e a raggiungere standard talmente elevati che l'azione sarà una, unica e irreprensibile.

- sulla lettura a 360° del terrorismo, analizzando le società e i Paesi in cui esso ha trovato appoggio, riparo e risorse, cercando di capire il come e il perchè ciò sia avvenuto. Questo comporterebbe un piano di politiche sociali in tali Paesi affinchè la povertà non funga da traghetto verso le derive e le aberrazioni che il terrorismo comporta. In quest'ottica svolgono un ruolo di fondamentale importanza organizzazioni come l'UNCHR(57) (Alto Commissariato delle Nazioni Unite per i Rifugiati Politici), la FAO, l'Unicef, e tutte quelle organizzazioni umanitarie e non governative che con il loro lavoro costante e meticoloso, con il loro contatto diretto con le popolazioni in questione, spesso risultano essere il collante tra "noi e loro".

- sulla sensibilizzazione della società civile al tema della lotta al terrorismo. Possiamo ritenere infatti la società odierna, alquanto depauperata di alcuni dei valori che hanno reso la nostra civiltà un faro delle libertà, questo soprattutto in una prospettiva storica. Condivisione del bene comune, arricchimento reciproco e paritario tra culture differenti, la tolleranza fra i popoli, ma soprattutto l'essere intolleranti con gli intolleranti (esattamente come diceva Norberto Bobbio nel 1947, onde evitare il ripetersi di fenomeni nazi-fascisti), la certezza della pena, la giustizia e l'equità, appaiono oggi come dei meri tentativi di buona volontà da

---

57 L'**Alto Commissariato delle Nazioni Unite per i Rifugiati** (*United Nations High Commissioner for Refugees*) è l'Agenzia delle Nazioni Unite specializzata nella gestione dei rifugiati; fornisce loro protezione internazionale ed assistenza materiale, e persegue soluzioni durevoli per la loro drammatica condizione.

parte di pochi idealisti, piuttosto che le basi su cui poggia la nostra società. E questo è un problema a cui si deve dare una risposta decisa ed immediata, in quanto non esiste bene comune senza una presa di coscienza di ciò che esso comporta; non può esserci dialogo con gli altri se non conosciamo i valori portanti della nostra cultura, cosi come non può esserci una propensione allo scambio interculturale tra società miopi e analfabete; la tolleranza fra i popoli non deve essere scambiata con quel modo di fare spesso ipocrita e perbenista, che intende una sorta di accettazione passiva di tutto ciò che l'altro generalizzato58 compie. O peggio con quel modo di fare da "rivoluzionario benestante"59, ovvero da colui che pur vivendo un vita borghese, fatta di agi e comodità, per sentirsi in qualche modo anticonvenzionale e antisistemico, giustifica e comprende moralmente la violenza come mezzo di lotta politica, senza ovviamente mai esporsi in prima persona. Questi atteggiamenti, dettati esclusivamente dall'ipocrisia, sono incredibilmente dannosi per la nostra società, perchè consentono l'accettazione e la giustificazione di comportamenti devianti, in virtù della logica perbenista che bisogna sempre tacere onde evitare di essere etichettati da chi ci circonda. Bisogna capire che se l'altro generalizzato compie delle azioni ripugnanti, che violano i diritti umani, esso deve essere condannato senza mezzi termini, intraprendendo azioni congiunte che non per forza debbano sfociare in operazioni militari, anzi, il fine ultimo è proprio quello di evitare che si arrivi all'uso della violenza come mezzo coercitivo, ma debbano portare ad una giusta sanzione nei confronti di chi le compie.

Il dover fronteggiare, urgentemente, con mezzi adeguati ed in maniera risoluta un problema di cosi ampia portata, è ormai un dato assodato all'interno del dibattito sociopolitico mondiale, ed è un dovere morale delle democrazie non cadere nella trappola dei terroristi, ovvero di cedere alla logica "occhio per occhio e dente per dente". Altresì non si può continuare ad osservare un

---

58 Mead distingue nel self tre sue componenti che ha chiamato "io", "me" e "altro generalizzato". "L'altro generalizzato" è prodotto dalla interiorizzazione dei ruoli sociali, cioè dei compiti che la società prescrive ai singoli in base alla loro posizione sociale (ad esempio, le figure del poliziotto, del panettiere, del professore sono altrettanti "altro generalizzato" dai quali noi ci aspettiamo che abbiano certi atteggiamenti e verso i quali teniamo certi comportamenti). I simboli possono essere compresi perché in tutti noi è "l'altro generalizzato", attraverso il quale siamo capaci di metterci al posto dell'altro e quindi di vedere o sentire ciò a cui il segno si riferisce. Senza l'altro generalizzato i segni non comunicherebbero nulla. L'altro generalizzato non fa parte del self nello stesso modo in cui lo sono l'io e il me, non è neppure un oggetto: è invisibile e senza qualità; è una capacità di assumere un punto di vista, di essere pubblico, di leggere significati a partire dai segni dal punto di vista dell'altra persona.

59 Alessandro Orsini, *"Il rivoluzionario benestante"*, Rubbettino, Roma, 2010

fenomeno cosi drammatico e violento, con lo sguardo dell'osservatore indifferente e distaccato. Come se non ci riguardasse quanto accade oggi in zone della terra lontane migliaia di chilometri da noi, come se tutto questo avesse a che fare con una parte del mondo troppo distante per potercene interessare. In un mondo globalizzato questa visione non ha modo di esistere, perchè tutti sono in interconnessione permanente, e gli esseri umani sono cittadini del cosiddetto "villaggio globale"(60). Non possiamo permettere che il terrorismo continui la sua avanzata nel silenzio generale. Non lo possiamo permettere per diversi motivi: in nome delle centinaia di migliaia di vittime che il terrorismo ha mietuto nel corso degli ultimi vent'anni; in nome della nostra libertà, troppo spesso messa in discussione, se non addirittura azzerata, da azioni cruente; ed in nome del futuro, perchè continuando a mantenere un atteggiamento lassista nei confronti di chi minaccia i diritti fondamentali dell'uomo, in primis il diritto alla vita, si contribuisce, quantunque indirettamente, a moltiplicare la prepotenza ed il disprezzo della vita umana. E' importante però ribadire che non sarà certo altra violenza a porre fine ad un fenomeno come quello terroristico, e che le armi migliori dei Paesi e delle società democratiche che lo combattono, sono proprio i valori che l'hanno resi tali. Parole come democrazia, libertà, diritti, rispetto dell'altro, coesione e solidarietà sociale, non devono essere intese come categorie metafisiche, non traducibili in prassi, ma come parole-guida di una nuova forma di convivenza umana.

---

60 Il concetto di villaggio globale è stato proposto nel 1962 dallo studioso americano delle comunicazioni di massa, Marshall McLuhan, che con tale termine voleva intendere un mondo piccolo, delle dimensioni di un villaggio, all'interno del quale si annullano le distanze fisiche e culturali e dove stili di vita, tradizioni, lingue ed etnie sono rese sempre più internazionali.

Bibiliografia:

Balice, S (2003) *"La lotta al terrorismo nell'Unione Europea"*, Centro Studi per la Pace

Bauman, Z. (2008) *"Modus Vivendi. Inferno e utopia del mondo liquido"*, Roma, Editore Laterza

Castelvecchi, A. (2004) *"Al Qa'ida: dall'Afghanistan a Madrid"*, Roma, Castelvecchi Editore

Chomsky, N. (2011) *"11 Settembre dieci anni dopo"*, Milano, Il Saggiatore

Condorelli, L. (2005) *"Les attentats du 11 septembre et leurs suites: où va le droit international?"*, Parigi, Revue Générale de Droit International Public

Coll, S. (2008) *"La guerra segreta della CIA"*, BUR

Cook, D. (2011) *"The rise of Boko Haram in Nigeria"*, Londra, Combating Terrorism Centre

Gaddis, J.L. (2005) *"The cold war"*, New York, Harcourt

Galloway, J.L. & Moore, H.G. (1991) *"We are guys in Vietnam"*, Refugio, Paperback

Gilles, K. (2002) *"Jihad: The trail of political islam"*, Belknap Press of Harvard University Press

Heisbourg, F. (2013) *"Dopo Al Qaeda"*, Roma, Armando Editore

Humphreys, R. (2005) *"Between Memory and Desire: The Middle East in a Trouble Age"*, Los Angeles, University of California Press

Kepel, G. (2011) *"Jihad: The trail of Political Islam"*, Boston, Belknap Press of Harvard University Press

Kissinger, H. (2012) *"The art of Diplomacy"*, Boston, Sperling Paperback

Loughlin, J. (2001) *"Subnational Democracy in the European Union: challenges and opportunities"*, New York, Oxford University Press

Martell, L. (2011) *"Sociologia della Comunicazione"*, Milano, Piccola Biblioteca Einaudi

Mastrolilli, P. (2011) *"Più droni e meno truppe, l'arma segreta di Obama"*, Torino, La Stampa

Montanelli, I. e Cervi, M. (1991) *"L'Italia degli anni di piombo"*, Milano, Rizzoli

Napoleoni, L. (2012) *"Terrorismo S.p.A."* Milano, Il Saggiatore

Orsini, A. (2010) *"Il rivoluzionario benestante"* Roma, Rubbettino

Quadrella Sanfelice, L. (2013) *"Terrorismo fai da te. Inspire e la propaganda online di AQAP per i giovani musulmani in Occidente"*, Roma, Aracne Editore

Sciortino, A. (2002) *"L'Africa in guerra"*, Roma, Baldini Castoldi Dalai Editore

Spedicato Iengo, E. (2006) *"Per incontrare la Sociologia"*, Chieti, Rivista Abruzzese Editore

Tonnies, F. (2011) *" Comunità e Società"*, Roma – Bari, Editore Laterza

Weinberg, L. (1995) *"Italian Neo-Fascist Terrorism: a comparative perspective in Terror form extreme right"*, Tore Bjørgo, Koòjkon

Wright, L. (2006) *"The looming tower: Al Qaeda and the road to 9/11"* New York, Knopf

L'AUTORE

Stefano De Angelis (Chieti, 1986). Laureato con Lode in Sociologia presso l'Università degli Studi G. d'Annunzio di Chieti-Pescara, ha discusso una tesi sperimentale sul fenomeno terroristico frutto di un lungo lavoro di ricerca condotto tra Italia e Stati Uniti. Autore del libro inchiesta *Il terrorismo nell'era postmoderna* (Amazon Publishing, 2014), del tascabile sociologico *Pillole Liquide* (Tabula Fati, 2015) e del best seller di categoria *Isis Vs Occidente* (Amazon Publishing, 2016), che con oltre 75.000 copie vendute in tutto il mondo si conferma tra i testi di riferimento della categoria. Attualmente è docente di Sociologia dei Fenomeni Terroristici, Tecniche di Prevenzione e Contrasto presso la Questura di Chieti, editorialista del quotidiano statunitense *AmericaOggi*, autore di articoli su difesa e antiterrorismo su alcuni dei più importanti blog del settore, tiene conferenze e seminari sul terrorismo seguiti da migliaia di persone in tutto il mondo.